Susunaga Weeraperuma

Jiddu Krishnamurti

Begegnungen und Gespräche

Susunaga
Weeraperuma

Jiddu Krishnamurti

Begegnungen und Gespräche

Kösel

Die ursprüngliche Ausgabe erschien unter dem Titel »J. Krishnamurti as I Knew Him« bei Chetana Pvt. Ltd., Bombay,

Ins Deutsche übersetzt von Claudia Weeraperuma

Mit 3 Fotos: S. 11 - Krishnamurti-Plastik von Antoine Bourdelle - Musée Bourdelle, Paris; S. 13 - Susunaga Weeraperuma als Jugendlicher - Archiv des Autors; S. 119 - J. Krishnamurti im Gespräch - Archiv der Krishnamurti Foundation Trust Ltd., Brockwood Park, Bramdean, Hampshire, SO24 OLQ, England

ISBN 3-466-20407-0

Druck und Bindung: Kösel, Kempten
Umschlag: Kaselow Design, München
Motiv: J. Krishnamurti, © Krishnamurti Foundation, England

1 2 3 4 5 · 00 99 98 97 96

Gedruckt auf umweltfreundlich hergestelltem Werkdruckpapier (säurefrei und chlorfrei gebleicht)

Dieses Buch
ist Claudia liebevoll gewidmet

Inhalt

Vorwort

Während etwa dreißig Jahren habe ich mit Sri Jiddu Krishnamurti engen Kontakt gepflegt und mich mit Begeisterung an seiner Arbeit beteiligt.

Die meisten Passagen in diesem Buch sind meinen Notizbüchern entnommen. Meine vielen interessanten persönlichen Begegnungen und Gespräche mit Krishnamurti und anderen bemerkenswerten Persönlichkeiten habe ich umfassend aufgezeichnet.

Diese Arbeit ist keine Biographie von Krishnamurti, obwohl sie, wie erwartet werden kann, eine Fülle von biographischen Angaben enthält. Auch schließt sie eine Fülle von Äußerungen Krishnamurtis über Fragen ein, die von großem geistigen Interesse sind.

Die hier gegebenen Anekdoten über das Leben Krishnamurtis haben eine gewisse tiefe, versteckte, philosophische Bedeutung. Anekdoten helfen uns, seine rätselhafte Persönlichkeit zu verstehen. Sogar seine Witze und beiläufigen Bemerkungen sollten ernstgenommen werden, da sie offenbar von der schöpferischen inneren Stille ausgehen, die er »das Andere« nannte.

Susunaga Weeraperuma

Begegnungen mit Krishnamurti

Das Reich der Erleuchtung

Als ich noch ein Schuljunge war, verbrachte ich meine Nachmittage und Abende immer in der Volksbibliothek von Colombo. Dort habe ich einige der glücklichsten Tage meines Lebens verbracht. Dort verlor ich mich immer in die geheimnisvoll bezaubernde Welt Tausender von Büchern, Zeitschriften und Zeitungen aus verschiedenen Ländern. Dies schien mir eine weit interessantere Weise, meine freien Stunden zu verbringen, als sie bei albernem Spiel, Sport oder Leichtathletik zu vergeuden. Eines Tages, als ich mich in den Bücherregalen nach etwas Neuem zum Lesen umsah, stieß ich auf einen schmalen Band mit dem Titel *The Path*. Das Frontispiz zeigte die Schwarzweißfotografie eines großartigen, von Antoine Bourdelle gemeißelten Kopfes. Ein paar Minuten lang ergriff mich die reine Schönheit dieses Meisterwerks der Bildhauerkunst. Alle Züge des Gesichts harmonierten miteinander. Als Freund von allem Schönen konnte ich nicht ungerührt von der leisen Anziehungskraft und dem Adel des Gesichts bleiben. Zuerst dachte ich, es sei das Stück einer klassisch-griechischen Skulptur, doch später fand ich heraus, daß es nichts anderes war als der Kopf von Jiddu Krishnamurti. So jedenfalls habe ich Krishnamurti entdeckt, dessen Lehre der wichtigste und mich am meisten formende Einfluß auf mein Leben geworden ist. Es war diese rein ästhetische Reaktion auf seine äußere Erscheinung, die mich anfangs zu seiner Lehre hinzog.

Viele Jahre später hatte ich das erfreuliche Erlebnis, das Musée Bourdelle in Paris zu besuchen, wo ich das Original dieser Skulptur sah. Bourdelle meißelte mehrere Köpfe von Krishnamurti, welche in diesem Museum fortlaufend ausgestellt sind. Es ist zu erwähnen, daß dieser große Bildhauer Krishnamurti hochschätzte. Bourdelle behauptete, daß für Krishnamurti »die ewigen Dinge die einzigen sind, die zählen«.

Angesichts meiner buddhistischen Erziehung fesselte mich natürlich *The Path* (1924) völlig. Dieser lange Essay ist eine poetische Schilderung des Ringens und der Qualen Krishnamurtis auf seiner

Suche nach Erkenntnis. Ich fühlte, daß dieses Buch das Leiden des Samsara darstellte – mit seinem Kreislauf von Leben und Tod und der Befreiung daraus. Das Wesentliche dieses Werks ist im folgenden Satz ausgedrückt: »Kommt all ihr, die da leiden, und tretet mit mir ein in das Reich der Erleuchtung und in den Schatten der Unsterblichkeit.«

Was beinhaltet ein Name?

Für zahlreiche Menschen gilt der Name »Krishnamurti« als Synonym für »Erleuchtung«. »Krishnamurti« bedeutet wörtlich »in der Gestalt Gottes«. Der Name war gut gewählt. Im Gegensatz zu so manchen Wichtigtuern hing Krishnamurti nicht an seinem Namen und legte ihm nie Wert bei. Ein Name ist bloß ein Etikett und ein Mittel, sich auszuweisen. Oft nannte sich Krishnamurti »der Sprecher« oder einfach »Krishnamurti«, obwohl ich mir bewußt bin, daß »Krishnamurti« kein Ersatz ist für »Krishnaji«, was der respekt- und liebevolle Name war, den wir gebrauchten, wenn wir ihn anredeten.

Kein Name kann den Menschen angemessen beschreiben, der das Namenlose verkörperte.

Erster Eindruck von Krishnamurti

Ich war sehr jung, als ich Krishnamurti zum ersten Mal in Person sah. Das war am Weihnachtstag 1949. Ich habe meine Erinnerungen daran bereits in meinem Buch *Living and Dying from Moment to Moment* (Bombay: Chetana, 1978) beschrieben: »Mein Interesse für Krishnamurti begann 1949 während meiner Schulzeit, und ich hörte ihn zum ersten Mal in jenem Jahr in Colombo. Ich erinnere mich noch lebhaft daran, wie ich in einer riesigen Menschenmenge stand, die ungeduldig die Ankunft eines gewissen heiligen Mannes namens Krishnamurti im Rathaus von Colombo erwartete. Endlich traf der Wagen des Bürgermeisters ein, und da war er, eine schlanke Gestalt, die nervös an der Seite des damaligen Bürgermeisters, Dr. Kumaran Rutnam, eines bekannten kommunistischen Politikers, saß. Krishnamurti hatte noch sein schwarzes Haar, das an den Schläfen ergraut war. Er sprang aus der Limousine und huschte die Treppe hinauf, um den neugierigen Blicken der Hunderten von Verehrern auszuweichen. Er war elegant in einen weißen seidenen Dhoti gekleidet. Dieser erste Eindruck hat sich fest in mein Gedächtnis eingeprägt, besonders weil ich es als Kind nicht gewohnt war, heilige Männer so stattlich gekleidet zu sehen. Mich hatte das Beispiel des Mahatma Gandhi konditioniert, der nur einen Lendenschurz trug.«

Während der anschließenden Zusammenkünfte war es mir eher möglich, ihn genauer zu betrachten. Sein sanfter, verträumter Blick überraschte mich, da ich Krishnamurti mit den seltsam feurigen und leuchtenden Augen eines Yogi erwartet hatte. Denn damals hatte ich mehrere bemerkenswerte indische Yogis gesehen, unter ihnen Swami Sivananda, der mich in sein Ashram von Rishikesh im Himalaja eingeladen hatte. Leuchtende Augen werden im allgemeinen mit hervorragendem Intellekt in Verbindung gebracht, während sanfte Augen Gelassenheit und starkes Mitgefühl ausdrücken.

Einwand eines Mönchs

Früher studierte ich den Buddhismus im Vajirarama-Tempel in Colombo. Einer der Bhikkus (buddhistischen Mönche) des Klosters versuchte sein Bestes, mir auszureden, zu den Vorträgen von Krishnamurti zu gehen. Er sagte: »Niemand kann den Buddha übertreffen. Dieser Krishnamurti predigt bloß einen verfeinerten Buddhismus.« Ich erwiderte: »Falls es ein verfeinerter Buddhismus ist, warum lehnen Sie ihn dann ab?«

Ein Arhat?

Nachdem dieser Mönch ein Diskussionstreffen besucht hatte, murrte er: »Warum ist Krishnamurti bloß so erregbar? Falls er ein Arhat ist, sollte er doch immer gleichmütig sein, nicht wahr?«
Ich erwiderte: »Ehrwürdiger Herr, die Schwierigkeit liegt darin, daß Sie eine Vorstellung davon haben, wie sich ein Arhat verhalten soll. Haben Sie jemals einen Arhat wirklich getroffen? Ein Arhat, wie mir scheint, ist nicht ohne Gedanken und Gefühle. Starke Gefühle sind bei einem intelligenten und sensiblen Menschen unvermeidlich. Obwohl ein Arhat natürlich Gedanken hat und Gefühle empfindet, werden sich keine von diesen je in seinem Geist festigen. Ein Arhat ist nur in dem Sinne frei, daß er kein Gedanken- und Gefühlsubstrat besitzt – keinen Hintergrund.«

Würdevolle Gelassenheit

Bei einem der Diskussionstreffen war ein prominenter Politiker anwesend. Er machte beleidigende Bemerkungen und beschimpfte Krishnamurti, und ging sogar so weit, daß er ihn einen Betrüger nannte. Krishnamurti blieb ruhig und fuhr mit der Diskussion fort, als ob nichts geschehen wäre. Ein anderes Mal schalt ein Mann ihn und benutzte unflätige Ausdrücke. Krishnamurti antwortete: »Was fehlt Ihnen, mein Herr?«
Dieser Mann wurde bald zum Gespött der Zuhörer, da er offensichtlich nur zu der grob beleidigenden Sprache griff, weil ihn selbst etwas zutiefst erregte.
Was ich im Laufe der Jahre an Krishnamurti immer wieder beobachtete, war, daß ihm weder Lob schmeichelte noch Kritik und Beschimpfungen ihn verletzten. Krishnamurti war wie ein mächtiger Baum, der im Sturm ruhig blieb. Schwächere Bäume wurden vom Wind wild hin und her bewegt, doch der mächtige Baum verlor seine würdevolle Haltung nie, auch nicht unter den schwierigsten Umständen.

Die Universität von Ceylon

Die Studenten der Universität von Ceylon (wie sie damals hieß) in Colombo zeigten sich entsetzlich feindselig gegen Krishnamurti, als er gebeten wurde, vor ihnen eine Rede zu halten. Alle Plätze des Saales waren belegt, was nicht erstaunlich war, da sich gewöhnlich große Menschenmengen einfanden, wenn berühmte Persönlichkeiten auftraten. In diesem Saal habe ich oft gesehen, wie Studenten bedeutende Staatsmänner, angesehene Politiker und Literaten laut verhöhnten. Ich nehme an, daß dies ihre derbe Art war, ihren Trotz gegenüber einer Autorität zu zeigen. Wahrscheinlich machten einige ihren aufgestauten Frustrationen, ihren Aggressionen und ihrer Gewalt Luft.

Als Krishnamurti in den Saal trat, wurde ihm ein gemischter Empfang zuteil. Einige klatschten in die Hände und spendeten Beifall, doch viele pfiffen ihn boshaft aus. Seine Rede wurde öfters unterbrochen; mehrere Male wurde Krishnamurti durch Zwischenrufe gestört. Dann fragte er, warum sie sich so benähmen, schließlich sei er doch ihr Gastredner, der speziell gebeten worden war, vor ihnen eine Rede zu halten. Trotz der Störungen sprach Krishnamurti weiter, ohne daß seine Haltung den Studenten gegenüber die geringste Spur von Ärger zeigte. Manchmal fiel er sogar in ihr Gelächter ein. Er hielt damals eine besonders wohlgesetzte und ergreifende Rede. Einige der Studenten, die sich zuvor wild aufgeführt hatten, entschuldigten sich später bei ihm.

Ich kann mich zwar nicht daran erinnern, was der Studentenvorsitzende zu Krishnamurti sagte, doch ich verlasse mich auf den von G. Venkatachalam abgefaßten Bericht über dieses denkwürdige Treffen in seinem Buch *My Contemporaries*. Der Studentenvorsitzende des Treffens hatte Krishnamurti früher angeprangert, doch später, am Schluß der Veranstaltung, ging er so weit, ihn als modernen Sokrates und als größten Lehrer seit dem Buddha zu rühmen.

Jawaharlal Nehru

Der Besuch von Krishnamurti in Colombo fand zur gleichen Zeit statt wie die Konferenz der Ministerpräsidenten des Commonwealth in dieser Stadt. Berühmte Staatsmänner wie Pandit Jawaharlal Nehru und Ernest Bevin waren in Colombo, was zur Folge hatte, daß die Zeitungen leider zuviel Platz aufwandten, von den Tätigkeiten dieser Staatsmänner zu berichten und deshalb die Anwesenheit von Krishnamurti unter uns zuwenig bekanntmachten. Menschen, die sich ernsthaft für seine Lehre interessierten, waren verständlicherweise darüber aufgebracht, daß Politiker und Staatsmänner Krishnamurti überschatteten. Dann berichtete eine führende Zeitung von einem Vorfall, der auf subtile Weise die Publicity ausglich.

Pandit Nehru war ein Staatsgast, und wohnte im Queen's House, dem prachtvollen Herrenhaus des Generalgouverneurs. Eines Morgens ergriff die Wächter panischer Schrecken, als sie bemerkten, daß der indische Ministerpräsident verschwunden war. Niemand hatte eine Ahnung, wo er sich aufhielt. Hatte ihn jemand entführt? Dann plötzlich erschien Pandit Nehru. Er fuhr in einem Auto vor. Wie er sein Verschwinden begründete, ist interessant. Nachdem er erfahren hatte, daß Krishnamurti in der Stadt war, beschloß Nehru, den Weisen persönlich, im geheimen, aufzusuchen und ihm seine Huldigung darzubringen.

Der immense Himmel

Es liegt ein wunderschöner See in der Nähe von Slave Island, einem belebten Vorort von Colombo. Die Tageszeit, zu welcher Krishnamurti besonders gern am Ufer dieses Sees spazierenging, war unmittelbar nach Sonnenuntergang, wenn es herrlich kühl war. Manchmal ging er so rasch auf dem schmalen Fußweg, der den See umsäumte, daß man befürchtete, er würde sogleich über einen Stein stolpern und in das von Wasserschlangen wimmelnde Gewässer fallen. Unsere Furcht, daß ihm das widerfahren könnte, war nicht unberechtigt, besonders eines Abends, als er erhobenen Hauptes, verzückt, wie in Trance dahinschritt. Ununterbrochen blickte er zum hochroten Himmel empor und schien den schmalen Fußweg und den angrenzenden See überhaupt nicht wahrzunehmen. Ein Unglück schien bevorzustehen. Dann sprang mein Freund nach vorn, um ihn zu schützen. Krishnamurti ergriff sogleich seine Hand und sagte: »Betrachte einmal den Himmel. Der Himmel öffnet den Geist.« Wir kehrten heim und dachten darüber nach, ob wir Krishnamurtis Bemerkung ernst nehmen sollten. Wollte er damit sagen, daß das lange Beschauen des Himmels den Geist erweiterte? Hatte denn Krishnamurti nicht immer die Behauptung zurückgewiesen, daß das Befolgen irgendwelcher Methoden zur Einsicht führen könne? Wir erörterten diese Frage gründlich, doch blieben leider in der Verwirrung stecken.

Mehrere Jahre später traf ich diesen Freund wieder, und wir erinnerten uns an den Vorfall beim See. Er sagte, er blicke oft zum Himmel, und ihn erfreue dies jedesmal. Er fügte hinzu, er betrachte den Himmel nicht mit einer bestimmten Absicht wie die Astronomen.

Wir waren uns beide darüber einig, es sei zwar wichtig, den Himmel, die Berge und das große Meer zu beschauen und sich so mit der Natur eins zu fühlen, doch sollte dieses Verschmelzen nie als geistige Übung oder Sadhana aufgefaßt werden. Ein aufmerksamer und sensibler Mensch kann nicht anders, als sich mit der Natur eins zu fühlen; dies tut er als reine Handlung, ohne eigentlichen Beweggrund, ganz um ihrer selbst willen.

Dr. E.W. Adikaram

Ich halte es für nötig, in aller Länge über das Leben und Werk von Adikaram zu schreiben, einem der engsten Freunde und Bewunderer Krishnamurtis. Als Teenager war meine Einstellung zu Krishnamurtis Persönlichkeit und Lehre größtenteils von den Ansichten Adikarams, dieses bemerkenswerten Philosophen, beeinflußt.

Adikaram, der angesehene srilankische Pädagoge, sehr produktive Schriftsteller, Palikenner und Autor wissenschaftlicher Werke in Singhalesisch, erhielt sein Doktorat in Philosophie von der Universität von London für eine Dissertation mit dem Titel *Early History of Buddhism in Ceylon or State of Buddhism in Ceylon as Revealed by the Pali Commentaries of the 5th Century A.D.* (Frühgeschichte des Buddhismus in Ceylon oder Stand des Buddhismus in Ceylon wie ihn die Pali-Kommentare des 5. Jahrhunderts n.Chr. zeigte). Er war ein Theosoph und ein Anhänger Mahatma Gandhis gewesen, doch was sein Leben am meisten formte, war die Lehre von Krishnamurti. Seine kontroversen Bücher und Artikel mit ihrer Krishnamurtischen Auslegung der buddhistischen Philosophie ärgerten die orthodoxen Gruppen der ceylonesischen buddhistischen Geistlichkeit sehr.

Während seiner Studienzeit in London besuchte er die Sommerlager des Sternenordens in Ommen, Holland, und hörte den genialen Einsichten Krishnamurtis zu, der damals in der vollen Kraft seiner Jugend und seines beginnenden Mannesalters war. Er sagte mir, daß es für viele Menschen bei jenen Veranstaltungen zutiefst ergreifend war, lediglich bei Krishnamurti zu sitzen und seine physische Schönheit zu beschauen, egal, ob sie etwas vom Gesagten verstehen konnten.

Nach zehn Jahren als Rektor des Ananda Sastralaya in Kotte, trat Adikaram von seiner Stelle zurück, gab seinen kleinen Besitz weg und lebte wie ein Sannyasin den Rest seines Lebens. Weder hatte er Geld in Form von Ersparnissen noch Anspruch auf eine staatliche Rente. Er zitierte gerne Krishnamurtis Behauptung, daß es keinerlei Sicherheit gibt. Intelligenz, falls man sie hat, ist die einzige Sicherheit. An seinem Lebensabend hatte Adikaram die hohe und größtenteils zeremonielle Stellung als Kanzler der Universität Sri Jayawardhanapura inne. Und in dieser Institution sprach Krishnamurti 1980 zu den Studenten.

In den späteren Jahren seines Lebens gab Adikaram zu, daß Bildung kein Allheilmittel für sämtliche soziale Mißstände war, wie er einmal geglaubt hatte. Bildung macht aus uns gut unterrichtete, aber nicht weise Menschen. Wird ein Straftäter automatisch ein besserer Mensch, wenn man ihn bildet? Das heißt nicht, daß man Straftäter nicht bilden sollte, doch häufig geschieht es, daß Bildung dem Straftäter ermöglicht, seine Delikte auf klügere und raffiniertere Weise zu begehen. Die menschliche Natur kann nicht durch Bildung geändert werden; sie tut dies erst, wenn die Psyche von ihren selbstsüchtigen und asozialen Wesenszügen wie Gewalt, Ehrgeiz, Haß und Neid gereinigt wird. Nur ein innerer psychologischer Umschwung kann die dem Menschen angeborene animalische Natur von Grund auf verändern. Diese Erkenntnis hatte Adikaram von seinem großen Mentor – Krishnamurti – gelernt.

Die Lehre Krishnamurtis prägte die Denkweise Adikarams und der meisten seiner engen Freunde zutiefst. Ich war schon völlig mit dieser Lehre vertraut, bevor ich Adikaram zum ersten Mal traf. Ich war seinerzeit Schüler am Ananda College in Colombo, und ich erinnere mich noch lebhaft daran, wie ich ihm einen langen Brief schrieb und ihn fragte, ob er schon von Krishnamurti gehört habe. Was veranlaßte mich damals, einen solchen Brief zu schreiben? Ich hatte eine Reihe philosophischer Artikel von Adikaram gelesen, die in der singhalesischen Tageszeitung *Lankadeepa* erschien. Es war mir dabei deutlich aufgefallen, daß zwar seine Schriften Erkenntnisse zum Ausdruck brachten, die denjenigen von Krishnamurti ähnlich waren, doch daß er darin kaum Krishnamurtis Namen erwähnte. Einige Tage später war ich angenehm überrascht, als ich von Adikaram eine Antwort erhielt, in welcher er gestand, daß er Krishnamurti sehr zu Dank verpflichtet war. Das war der Beginn unserer Freundschaft – eine enge Freundschaft fürs Leben, die erst mit dem Tod Adikarams etwa dreißig Jahre später endete. Manchmal verbrachten wir den ganzen Tag damit, subtile philosophische Fragen zu diskutieren. Oft waren wir uns nicht einig, doch als Freund ließ er mich nie im Stich. Er war immer treu und herzlich.

Adikaram und ich sind viel in Indien herumgereist, nicht bloß mit der Absicht, den Diskursen von Krishnamurti in Bombay und Poona zuzuhören, sondern auch, weil wir gerne Ashrams und alte Tempel besuchten sowie Stätten von großer kultureller Bedeutung wie Ajanta und Ellora. Er machte gerne buddhistische Pilgerfahrten, und die Stelle, wo der Buddha dahingeschieden war, rührte ihn zu Tränen, da er von etwas Seltsamem überwältigt war. Ich sollte ebenfalls erwähnen, was er mir hinsichtlich eines Besuchs bei Ramana Maharishi in Tiruvannamalai erzählte. Er hatte den Weisen allein besucht und sich zu ihm gesetzt. Kaum war er in der Gegenwart des Shri Ramana, als er in einen Zustand der Verzückung oder Ekstase versank.

Adikaram betrachtete das Kommen von Krishnamurti in die Welt als kein belangloses Ereignis, denn Krishnamurti war ein erleuchteter Weiser, die Art Lehrer, die nur selten auf der Erde erscheint. Krishnamurti wurde mit einer Blume verglichen, die nur einmal in einigen tausend Jahren blüht. Deshalb versäumten wir keine Gelegenheit, Krishnamurti in verschiedenen Teilen Indiens zuzuhören; es war, als ob wir vor ungefähr 2500 Jahren den ganzen Weg bis Benares gingen, um den Diskursen des Buddha zuzuhören.

Als Adikaram zum ersten Mal von Krishnamurti in der Vertrautheit eines Zimmers Audienz gegeben wurde, rollten Tränen über die Wangen des gelehrten Doktors. Er weinte lange, und Krishnamurti saß einfach da und betrachtete ihn schweigend. Adikaram hörte plötzlich zu weinen auf, als er bemerkte, daß er sich wie ein Kind benommen hatte. Er war sehr verlegen, weil er in der Gegenwart von Krishnamurti geweint hatte. Dann hielt Krishnamurti tröstend die Hand Adikarams und sagte: »Viele Besucher haben geweint, nachdem sie einige Zeit mit mir verbracht hatten. Es ist eine Art Empfindsamkeit. Würdest du nicht am liebsten weinen, wenn du etwas außerordentlich Schönes siehst oder wohlklingenden Gesang hörst?«

Adikaram empfand für Krishnamurti tiefste Verehrung und begegnete ihm stets mit großem Respekt. Manchmal zitterten seine Lippen vor Erregtheit, und seine Stimme bebte, wenn er sich mit Krishnamurti unterhalten mußte. Einmal wies ihn Krishnamurti deswegen zurecht und fragte: »Warum sind Sie so?« Adikaram antwortete: »Verzeih, wenn ich das sage, doch für mich bist du der Buddha.«

Krishnamurti sagte: »Es mag sein, daß ich der Buddha bin, aber warum fürchtest du dich dann vor mir?«

Die Bevölkerung Sri Lankas sollte Adikaram ganz besonders dankbar sein, da hauptsächlich er dafür verantwortlich war, Krishnamurti nach Colombo einzuladen und dort seine vielen öffentlichen Reden und Diskussionen der Jahre 1949, 1957 und 1980 zu organisieren – 1980 besuchte Krishnamurti das Land zum letzten Mal. Folglich lernten Tausende in Sri Lanka, Männer, Frauen und Kinder, die Lehren dieses revolutionären religiösen Lehrers kennen.

Angesichts seiner buddhistischen Erziehung und des Interesses, das er sein Leben lang an der Paliliteratur hatte, beschäftigte Adikaram natürlich das Thema der Wiedergeburt. In seiner privaten Bibliothek befand sich unter den Büchern, die er besonders schätzte, der Titel *Leben Alcyones* von Annie Besant und C.W. Leadbeater. Dieses Werk ist eine Untersuchung der früheren Leben von Krishnamurti. Eines Tages brachte Adikaram genügend Mut auf, Krishnamurti zu fragen, ob diese Aufzeichnungen über seine früheren Leben genau seien. Krishnamurti sagte dazu: »Das hilft dir nichts.« Seine knappe Antwort brachte Adikaram in Verwirrung, denn er hatte erwartet, daß Krishnamurti ihm deutlich erklären würde, ob die Behauptungen im Buch wahr oder falsch seien. Oft widerstrebte es Krishnamurti, sich länger bei Fragen aufzuhalten, die seine jungen Jahre, geschweige seine früheren Leben, betrafen, denn für ihn spielten diese Themen keine Rolle. Solche Fragen langweilten ihn geradezu. Die Vergangenheit ist tot. Man kann sie weder verändern noch ins Leben zurückrufen. Krishnamurti hatte sowieso Schwierigkeiten, sich an irgendwas zu erinnern, das nicht unmittelbare Vergangenheit war. Es fiel ihm nie leicht, etwas im Gedächtnis zu behalten.

Adikaram verwendete all seine Kräfte dafür, mit seinen zahlreichen Schriften, Vorträgen und Radiosendungen die Lehre

Krishnamurtis in ganz Sri Lanka zu verbreiten. Er war an der Gründung des Krishnamurti Centre of Sri Lanka beteiligt, das mit der Annahme des Krishnamurti Centre, Sri Lanka (Incorporation Act, No. 70 of 1981) durch das Parlament der demokratisch-sozialistischen Republik Sri Lankas rechtlichen Status erwarb. In einem vom 23. Oktober 1981 datierten Brief schrieb mir Adikaram: »Ceylon wird die zukünftige Hüterin der Lehre Krishnajis sein, und wir alle müssen unermüdlich auf dieses Ziel hinarbeiten.« Er war davon überzeugt, daß es das besondere Geschick Sri Lankas sei, die Lehre Krishnamurtis in Zukunft zu wahren und zu schützen, genau wie diese Insel die Lehre des Buddha so liebevoll gehegt habe, nachdem der Buddhismus in seinem Geburtsland so viele Rückschläge habe erleiden müssen.

Adikaram erklärte, daß er die Lehre des Buddha viel besser verstehen könne, nachdem er sich mit Krishnamurti befaßt habe. Ich muß gestehen, das war auch meine persönliche Erfahrung. Der Grund, warum die Lehre Krishnamurtis in Sri Lanka so beliebt ist, besteht nicht einzig und allein in Adikarams Bemühungen, sie zu verbreiten. Ich glaube, die Lehre hätte der zum Buddhismus neigenden Öffentlichkeit Sri Lankas sowieso zugesagt, weil die Lehre Buddhas und Krishnamurtis soviel gemeinsam haben. Beide betonen, daß Achtsamkeit – das Beobachten des eigenen Denkvorgangs, ohne ihn im geringsten zu verzerren – der einzige Weg zur inneren Befreiung ist; beide lehren, daß es keinen Erlöser gibt (niemand kann dich retten außer du selbst); beide bezweifeln die Existenz von etwas Ewigem in Form einer Seele oder Atman; vor allem zeigen beide, daß nur die Herzensgüte alle menschlichen Probleme lösen kann.

Adikaram neigte dazu, sein Inneres mit einer solchen Intensität zu erforschen, daß er lange Ruhepausen brauchte, um sich von der ganzen damit verbundenen Nervenbelastung erholen zu können. Am 19. Januar 1981 schrieb er mir: »Krishnajis Reden verlangen so viel Energie, daß ich mich immer nach jeder Vortragsreihe völlig erschöpft fühle oder sogar krank werde. Deshalb kann ich Deine Übermüdung sehr wohl verstehen. Ich hoffe, daß sich bei Dir jetzt alles wieder normalisiert hat.«

Adikaram hatte den starken Wunsch, vor Krishnamurti zu sterben, denn er spürte genau, daß er es unmöglich ertragen konnte, qualvoll in einer Welt der Finsternis zu leben, die nicht mehr mit der lebenden Anwesenheit Krishnamurtis gesegnet war. Er identifizierte sich sogar mit den zwei großen Jüngern des Buddha: nämlich Sariputta und Mogallana, welche beide vor dem Tode des Buddha gestorben waren. Am 28. Dezember 1985 schied Adikaram ruhig schlafend aus dem Leben. Einige Wochen später, am 17. Februar 1986, starb Krishnamurti. Durch einen unerklärlichen Lauf der Dinge war sein Wunsch, vor Krishnamurti zu sterben, in Erfüllung gegangen.

Die Kremation Adikarams fand vor einer sehr großen Versammlung statt, die aus Menschen der verschiedensten Bevölkerungsgruppen zusammengesetzt war, und bei welcher der Ministerpräsident Sri Lankas die Grabrede hielt. Einer der Redner war Dr. Anandatissa de Alwis, damaliger Staatsminister, der sagte, daß Adikaram ein sehr gutes Verständnis für die Philosophie von Krishnamurti gehabt habe. Adikaram wurde zum größten srilankischen Denker des zwanzigsten Jahrhunderts erklärt. Er habe vorgehabt, den letzten Vorträgen Krishnamurtis in Madras zuzuhören, als er plötzlich starb.

Ein lebhaftes Interesse an der Lehre von Krishnamurti war das große Erbe, das Adikaram hinterließ. Deshalb werde ich im Laufe der Aufzeichnungen meiner Erinnerungen an Krishnamurti noch öfter von ihm sprechen.

Die Verkörperung von Metta

Adikaram schärfte mir im Jahre 1953 immer wieder ein, daß im Leben nichts so wichtig sei, wie die Bücher von Krishnamurti zu lesen, und daß nichts schöner sei, als die Lehre Krishnamurtis mit gleichgesinnten, ebenfalls davon begeisterten Freunden zu besprechen. Er bestand jedoch darauf, daß man sich von Krishna-

murti nur dann ein vollständiges Bild machen könne, wenn man engen Kontakt mit ihm pflege. Er betonte, wie gefährlich es sei, die Lehre bloß intellektuell und theoretisch zu verstehen. Es genüge nicht, Krishnamurtis grenzenlosen Geist bloß schätzen zu können, es sei ebenso nötig, ihn persönlich zu kennen und dann mit eigenen Augen zu sehen, daß Krishnamurti »das Sanftmütigste aller Geschöpfe ist, mit einem Herz, das vor Mitgefühl überläuft.« Er sagte, Krishnamurti sei die Verkörperung von Metta. In der buddhistischen Terminologie bedeutet »Metta« Herzensgüte. Adikaram bemerkte, wie diejenigen, welche bloß Krishnamurtis Bücher lasen oder sich seine öffentlichen Reden anhörten, die gutherzige Seite seiner Persönlichkeit gar nie mitbekamen. »Mach dich deshalb bald bereit, nach Indien zu reisen. Ich stelle dir dann Krishnamurti, den ich gut kenne, vor. Ich vereinbare für dich ein Gespräch mit ihm.« Darauf antwortete ich, sein Vorschlag sei zwar überaus verlockend, doch müsse ich ihn schweren Herzens zurückweisen, da ich als Schuljunge nicht genügend Geld für eine längere Reise habe.
»Oh, das ist wohl kaum ein Problem«, sagte er, »denn ich komme für all deine Auslagen auf.« Sein großzügiges Angebot berührte mich tief.

C. Jinarajadasa

Auf unseren Indienreisen trafen wir mehrere Personen, die mit Krishnamurti zu verschiedenen Zeiten engen Kontakt gehabt hatten, ganz besonders C. Jinarajadasa, der damals die Stellung als Präsident der Theosophischen Gesellschaft innehatte. Jinarajadasa mit dem Kosenamen »Bruder Raja« hatte als Privatlehrer in Krishnamurtis früher Ausbildung eine wichtige Rolle gespielt. Wir begleiteten Jinarajadasa bei einem seiner Abendspaziergänge durch die herrlichen Gärten der Theosophischen Gesellschaft in Madras. Er ging sehr langsam, da sein Körper geschwächt war, und er anscheinend an Arthritis litt. Er gewann unsere Herzen durch die liebevolle Art, mit der er über Krishnamurti

sprach und sich nach seinem Befinden und Aufenthaltsort erkundigte.
Weil sich Jinarajadasa dafür interessierte, Dinge von großer historischer Bedeutung und großem Gefühlswert zu erhalten, brachte die Theosophische Gesellschaft damals eine erstaunliche Sammlung von Gegenständen unter, die einmal dem jungen Krishnamurti gehört hatten – seine handgeschriebenen Hefte, Schulbücher, ein paar Kleidungsstücke und Schuhe. Sogar die dunklen Locken des Knaben waren da. Viele Jahre später wollte ich eine Bilddokumentation dieser Sammlung vornehmen. Die administrativen Mitarbeiter der Gesellschaft teilten mir mit, sie wüßten nicht, daß eine solche Sammlung je bestanden hatte. Ist sie auf geheimnisvolle Weise verschwunden?

Ich treffe Krishnamurti zum ersten Mal

Am Tag unseres Gesprächs mit Krishnamurti schloß Adikaram seine Augen und meditierte würdevoll eine Stunde lang. Er erklärte mir, es sei ja so nötig, bevor er sich mit Krishnamurti treffe, seinen Geist in Ordnung zu bringen und seinen Bewußtseinsstrom von egozentrischen Gedanken zu läutern. Er riet mir, ich solle ebenfalls meinen eigenen Geist in Ordnung bringen, bevor ich mich mit Krishnamurti treffe. Ich sagte lachend: »Es macht doch nichts, wenn Krishnamurti die Unordnung in meinem Geist bemerkt!«
Es war ein heiterer und sonniger Nachmittag, als wir beim geräumigen Bungalow des Herrn Patwardhan in Poona eintrafen. Bei unserer Ankunft begrüßte uns Herr D. Rajagopal. Er bat uns, ihm Zeitungsausschnitte und Artikel aus Zeitschriften sowie Bücher zu schicken, die mit Krishnamurti in Zusammenhang standen. Diese brauchte er, um sie in seinem Archiv im kalifornischen Ojai aufzubewahren. Ich muß erwähnen, daß dieses Archiv jetzt von der Krishnamurti Foundation of America verwahrt wird.
Wir wurden in Krishnamurtis Zimmer gebracht und gebeten, bis zu seiner Ankunft zu warten. In der Ecke dieses kleinen Zimmers

mit dem hohen Plafond stand sein altmodisches Bett, das von einem weißen Moskitonetz beschirmt war. Der weiche Teppich war mit Jasminblüten übersät. Ihr süßer Duft durchdrang die Luft. Plötzlich erschien er. Krishnamurti war tadellos in einen cremefarbenen Kurta und weißen Pyjamas gekleidet, als er ins Zimmer schritt. Er umarmte Adikaram lächelnd. Es war schön, der herzlichen Wiedervereinigung zweier alter Freunde zuzusehen.

Adikaram stellte mich Krishnamurti vor: »Hier ist mein Freund Susunaga Weeraperuma aus Colombo.« Ich verbeugte mich respektvoll, und Krishnamurti hielt herzlich meine Hände. Dann setzten wir uns alle drei schweigend mit gekreuzten Beinen auf den Teppich.

Krishnamurti saß direkt vor mir. Er rückte leicht nach vorn, was bewirkte, daß seine Knie beinahe die meinen berührten. Sein Gesicht war sehr dicht vor dem meinen, und er begann, intensiv in meine Augen zu blicken. Lange und fest hielt er seine Aufmerksamkeit auf meine Augen gerichtet. Es war, wie dem grellen Strahl eines Suchscheinwerfers ausgesetzt zu sein. Zuerst empfand ich ein Gefühl des Unbehagens. Dann fühlte ich mich schwach, schwindlig und einer Ohnmacht nahe. Ich wandte mich von ihm ab und schaute seitwärts in Richtung Veranda und des Gartens. Kaum hatte ich begonnen, zur Tür hinauszublicken, war ich gezwungen, wieder direkt in sein Gesicht zu sehen, denn seine Augen waren magnetisch. Ich wurde mir bewußt, daß ich mich nicht ablenken konnte, indem ich woanders hinschaute. Also blickte ich ihm diesmal voll ins Gesicht. Da bemerkte ich, daß mich seine durchdringenden Augen immer noch beobachteten und jede meiner Bewegungen und Gesten verfolgten. Es war, als würde mein Geist bis zum äußersten einer Röntgenuntersuchung unterzogen. Ich begann zu schwitzen. Ich spürte vage, wie sich etwas, das seit langem tief in meiner Psyche verwurzelt war, jetzt auflöste. Mein Geist schien mir etwas freier und rascher in seinem Wahrnehmungsvermögen. Wir saßen etwa zwanzig Minuten lang schweigend da, doch die zwanzig Minuten kamen mir vor wie zwanzig schwierige Stunden. Und in dieser Zeit sah Krishnamurti weiterhin, ohne ein Wort zu sagen, in meine Augen. Ich hatte mich etwas mit Hypnotismus beschäftigt, und es war offensichtlich, daß mich Krishnamurti nicht hypnotisierte. Ich fragte mich, ob er vielleicht versuchte, meinen Charakter einzuschätzen. Doch sagte er dann nicht Jahre später, er untersuche nie den Geist jemandes anderen, denn das sei, wie wenn er jemandes Briefe lese? Versuchte mir Krishnamurti durch nichtverbale Mittel eine Botschaft mitzuteilen? Adikaram bemerkte, auch er sei verblüfft, denn in der langen Zeit seines engen Umgangs mit Krishnamurti habe er nie gesehen, wie dieser seine Konzentration so lange auf jemanden gerichtet hatte.

Bis heute verstehe ich die Bedeutung nicht ganz – falls es überhaupt eine Bedeutung gibt – von dem, was während jener stummen Minuten tatsächlich geschah. Ich besprach die Sache mit einem angesehenen Theosophen. »Es war eine Einweihung« meinte er. Ich jedoch platzte heraus: »Unsinn! Einweihungen sind gar nicht seine Art. Hat er nicht ausdrücklich erwähnt, wie wichtig absolute Selbständigkeit sei, und hat er nicht die Möglichkeit jeglicher äußeren Hilfe in geistigen Angelegenheiten völlig ausgeschlossen?«

Unser Treffen sollte angeblich ein Gespräch sein, doch wir verhielten uns wie Mönche, die Gelübde des Schweigens abgelegt hatten. Ich hatte den Eindruck, ich sollte bald mit Krishnamurti zu sprechen beginnen:

»Darf ich Ihnen bitte eine Frage stellen?

Nur zu.

Ich habe Ihnen einen Brief über ein gewisses Problem geschrieben. Haben Sie ihn erhalten?

Ich weiß es nicht mehr. Was ist Ihr Problem?

Ich weiß nicht, ob es richtig ist, wenn ich es ein Problem nenne. Eigentlich ist es eine Situation der Unentschlossenheit. Seitdem ich Ihre Bücher gelesen habe, befinde ich mich in einem Dilemma.

Haben Sie es mit Dr. Adikaram besprochen?

Ja, das habe ich. Doch ich bin immer noch verwirrt. Vor kurzem habe ich meine Ausbildung am Gymnasium abgeschlossen. Ich bin ein ziemlich guter Schüler gewesen. Ich habe gute Noten erhalten und die Prüfung bestanden. Die Entscheidung, die ich nun treffen muß, ist, ob ich eine Universität beziehen soll, oder ob ich mit dem Lernen ganz und gar aufhören soll. Ich bin sicher, meine Aussichten, eine Anstellung zu finden, sind gering, es sei denn, ich habe einen akademischen Grad. Doch, wenn ich meine Ausbildung mit der Absicht fortsetze, einen akademischen Grad zu erhalten, gehe ich dann nicht das Risiko ein, die Sensibilität meines Geistes zu vermindern? Ich möchte unbedingt einen Geist haben, der hochsensibel ist, doch wenn ich Wissen anhäufe, wird meine Gefühllosigkeit verstärkt und mein Geist weniger formbar. Ich habe ungeheuren Nutzen aus der Lektüre Ihrer Bücher gezogen, wo Sie erklären, daß Wissen ein Hindernis ist. Ich selbst habe erkannt, daß Wissen den Geist abstumpft.

Ganz im Gegenteil! Wissen macht den Geist hell und scharf.

Doch indem ich fortfahre, mir Wissen anzueignen, stelle ich fest, daß sich mein Charakter immer wieder ändert. Mein Geschmack ändert sich und ebenso meine Einstellung zu den Dingen. Die unschuldige Frische der Kindheit verschwindet, weil ich mich immer wieder verändere. Ist das nicht sehr schade?

Was veränderlich ist, lohnt sich nicht zu behalten.

Ich bin mir überhaupt nicht im klaren. Was raten Sie mir?

Hören Sie mal zu, mein Herr, haben Sie Gold in großen Mengen?

Nein.

Möchten Sie gerne eine Bettlerschale herumtragen?

Überhaupt nicht.

Dann müssen Sie Ihre Ausbildung beenden und eine Stelle finden. Gehen Sie und holen Sie sich alle Qualifikationen, die für eine Stelle nötig sind. Nehmen wir an, Sie sind ein Student einer Ingenieurschule. Seien Sie nicht ehrgeizig, und sagen Sie nicht: ›Ich werde der größte aller Ingenieure sein.‹ Seien Sie ein guter, tüchtiger Ingenieur: das ist alles. Den Wunsch, gesellschaftlich zu glänzen, muß man vermeiden. Er ist ordinär. Wissen an sich ist harmlos, jedoch Wissen zu verwenden, um sich selbst zu erfüllen, das stumpft den Geist ab.

Sie sind also nicht gegen das Wissen.
Aber, mein Herr, brauchen wir nicht mehr Wissen und besseres Wissen? Ein wahrer Wissenschaftler versucht immer, die Grenzen des Wissens zu erweitern. Doch wenn sich ein Wissenschaftler bloß anstrengt, um den Nobelpreis zu gewinnen, strebt er dann nicht einfach nur nach seinem eigenen Ruhm?
Ich verstehe immer noch nicht, wann Wissen gefährlich ist und wann nützlich.
Wissen für psychologische Zwecke zu verwenden, ist schädlich.
In Ihren Reden unterscheiden Sie ›sachliche Erinnerung‹ von ›psychologischer Erinnerung‹. Was sachlich ist, kann man leicht verstehen. Bitte erklären Sie jedoch den Ausdruck ›psychologische Erinnerung‹.
Es ist Tatsache, daß Dr. Adikaram ein Doktor der Philosophie ist. Das ist sachliche Erinnerung. Doch in dem Augenblick, wo Sie ihn als gesellschaftlich nützliche Person betrachten, weil er zufällig einen akademischen Titel hat, haben Sie eine psychologische Erinnerung geschaffen, nicht wahr? Können Sie nun Ihren Freund direkt betrachten, ohne ihn durch den Schleier seines Titels und seines Rufes zu sehen?
Mich beunruhigt immer noch, daß meine Sensibilität abnimmt, je älter ich werde.
Geben Sie acht, und sorgen Sie vor, daß das Ihnen nicht geschieht. Ich selbst muß viele Leute treffen, doch gebe ich acht, daß ich dabei meine Sensibilität nicht verliere.«
Adikaram, der durch die weisen Worte Krishnamurtis angeregt war, brach sein Schweigen und entschloß sich, sich ins Gespräch einzuschalten:
»Meine Schwierigkeit liegt darin, daß ich während meiner Tätigkeit, mit dem Schreiben wissenschaftlicher Artikel meinen Lebensunterhalt zu verdienen, dazu neige, meine Sensibilität zu verlieren. Ich wünschte, ich müßte nicht arbeiten, denn dann könnte mein Geist ununterbrochen in einem Zustand erhöhter Achtsamkeit sein. Wenn ich meine Energie nicht für Beschäftigungen materialistischer Art verschwenden müßte, hätte ich mehr Energie, achtsam zu leben.
Warum trennst du die sogenannte materielle Welt von der so-

genannten geistigen? Hast du je versucht dein geistiges Interesse in eine materialistische Form zu übertragen, so daß zwischen den beiden Sphären kein Konflikt besteht? Die Arbeit eines echten Wissenschaftlers hört nicht bei der Untersuchung der Außenwelt auf. Er sollte ebenfalls seine Innenwelt untersuchen. Was du über dich herausfindest, kannst du dann in deinen wissenschaftlichen Artikeln zum Ausdruck bringen. Falls du alle Regungen deines Geistes im Alltag genau beobachtest, bemerkst du einen Unterschied in der Qualität deines Schreibens. Vielleicht wirst du ein besserer Schriftsteller. Vielleicht verfeinert sich dein Stil.«

In jenem Jahr war es uns ein ganz besonderer Genuß, den sprühenden Reden Krishnamurtis in Poona und Bombay zuzuhören. Eines Abends in Poona, kurz nach einem Treffen, ereignete sich ein unvergeßlicher Vorfall. Eine Menge Anhänger und Bewunderer umringten Krishnamurti, als eine junge Frau eine prachtvolle Girlande um seinen Hals legte. In einer Anwandlung inniger Liebe warf sie sich vor die Füße Krishnamurtis nieder und küßte sie. Es war eine altübliche Geste der Ehrfurcht, Demut und Unterwerfung. »Keineswegs!« rief Krishnamurti barmherzig, indem sich seine Stimme in ein Crescendo erhob. Er umfaßte ihren Arm und hob sie sachte vom Boden auf. Bald darauf zog er sich eilig in einen ruhigen Winkel des Gartens zurück und stand dort ganz allein unter einem Baum. Die Menschenmenge folgte ihm rasch und umkreiste ihn wieder. Lange sah er mit Augen voller Tränen und Mitleid in ihre erbärmlichen Gesichter. Ein Ausdruck feinsten Zartgefühls verklärte sein Gesicht. Er schien sich der riesigen Kluft zwischen ihm selbst und dieser einfachen Leute schmerzlich bewußt zu sein: Sie litten nicht nur unter der Last von Kümmernissen, sondern auch unter bitterer Armut. Ihr Leid stand in scharfem Kontrast zum glücklichen Los von Krishnamurti, der den Komfort dieser Welt sowie geistige Reichtümer hatte.

Ein gewisser vaishnavitischer Sannyasin war entgeistert, als Krishnamurti öffentlich behauptete, es sei dumm, wenn man seinen Körper mit heiliger Asche einschmiere. Man sah ihn nie

mehr wieder bei den Vorträgen. Er tat mir sehr leid, dieser Asket, den natürlich die scharfe Bemerkung Krishnamurtis verletzt hatte.
Es geschah häufig, daß Krishnamurti mit seiner offenen Verurteilung von Tradition und religiösen Lehren mehreren Menschen die Vorträge verleidete. Einige verzichteten darauf, ihm bei den Treffen Fragen zu stellen, da sie befürchteten, er könne sie vor allen demütigen. Doch sämtliche Menschen waren deshalb nur im Nachteil: erstens erkannten sie nicht, daß Krishnamurti zu keiner Bosheit fähig war; zweitens verstanden sie nicht, daß Krishnamurtis Worte mit der Lanzette eines Chirurgen verglichen werden sollten, die dem Patienten zwar weh tut, doch ihn auch heilt.
In Bombay konnten wir uns nur eilig von Krishnamurti verabschieden, denn zu viele Menschen warteten ungeduldig darauf, mit ihm zu sprechen. Adikaram lud ihn nach Colombo ein, damit er dort eine weitere Vortragsreihe hält. Krishnamurti umarmte uns und sagte: »Geht heim und ruht euch aus. Ihr habt den Vorträgen zugehört. Erzählt es überall herum.«

Der Weise, der aus direkter Erfahrung spricht

Das Krishnamurti Reception Committee war dafür verantwortlich, daß Krishnamurti im Jahre 1957 nach Sri Lanka eingeladen wurde. Ich war ein sehr aktives Mitglied dieses Gremiums. Die Hauptfunktionen dieses Ausschusses waren, Krishnamurtis Treffen in Colombo zu organisieren und sich in der Zeit, wo er unser geehrter Gast war, um ihn zu kümmern. Am Eröffnungstreffen des Ausschusses hielt Dr. Adikaram, der Vorsitzende, eine ergreifende Rede: »Während der nächsten paar Wochen«, sagte er »sind wir die Hüter Krishnamurtis, des größten Schatzes der Welt.« Einige Ausschußmitglieder erhielten bestimmte Aufgaben. So wurde ich zum Beispiel gebeten, so schnell wie möglich für Krishnamurti ein geeignetes Haus in der Stadt Colombo zu finden, mich um die persönlichen Bedürfnisse Krishnamurtis zu kümmern und Artikel über ihn für die Lokalpresse zu schreiben,

damit für die größtmögliche Publicity zum Besuch Krishnamurtis gesorgt war.
Am 31. Dezember 1956 brachten *The Ceylon Observer* und *The Ceylon Daily News* meinen Artikel über Krishnamurti. Das folgende ist eine leicht abgeänderte Fassung dieses Artikels:

Krishnamurti: Ein Weiser, der aus direkter Erfahrung spricht

Jiddu Krishnamurti ist eine einzigartige Persönlichkeit. Er ist kein Philosoph, insofern als er keine Lehrmeinung formuliert hat; er ist kein Dichter, obwohl er hervorragende Dichtung geschrieben hat; er ist weder ein großer Schriftsteller noch der Gründer einer neuen Religion, obwohl die Religionen ihren Ursprung in Menschen wie er haben. In Wahrheit ist Krishnamurti so universell, daß man ihn nirgends einordnen kann.
Ohne eine ihn unterstützende Organisation und ohne »Anhänger« ist er während mehr als 20 Jahren überall in Europa, Indien, Australien und Amerika herumgereist, hat Tausende aus allen Schichten und Berufen getroffen und ihnen Vorträge gehalten. Nur wenige haben kein Wasser aus seinem Brunnen geschöpft. Was dann ist bei Krishnamurti so überwältigend, und was ist seine seltsame Mission?
Ein Verdienst von Annie Besants ist, daß sie das geistige Genie eines unbekannten indischen Zwölfjährigen voraussah. Sie erklärte Krishnamurti weltweit zum Messias. Seine Bewunderer gründeten einen internationalen Orden des Sterns im Osten, um den Weltenlehrer zu begrüßen. Doch man sah die bemerkenswerte Individualität Krishnamurtis darin, daß er auf die für ihn vorbereitete Rolle freiwillig verzichtete, und daß er den Einflüssen solch starker Persönlichkeiten wie Charles W. Leadbeater und Dr. Annie Besant von der Theosophischen Gesellschaft erfolgreich widerstand. Die Wahrheit kann man nicht organisieren, und Krishnamurti wies auf die Sinnlosigkeit religiöser Organisationen hin, weil dort die Menschen anfangen, sich mehr für die Organisationen zu interessieren als für das, was diese eigentlich propagieren sollten.

Nicht aus Büchern

Die Ursache für das tiefe Verständnis Krishnamurtis ist nicht eine von Büchern abhängige Gelehrsamkeit. Bei einem Anlaß sprach Krishnamurti von seiner unglücklichen Schulzeit und besonders von den Schwierigkeiten, die er damals hatte, weil er sich nie an das Gelernte erinnern konnte. Er erzählte, wie die Dinge, welche ihm die Lehrer in der Schule sagten, bloß zum einen Ohr hinein- und zum anderen wieder hinausgingen. Prüfungen bestand er nie. Wenn er in den Prüfungsraum kam, fürchtete er sich immer und vergaß alles, was er gelernt hatte. Also tat er lange in seinem Leben einfach das, was man von ihm verlangte. Er tat alles wie im Traum. Deshalb gibt er acht, daß er seinen Geist nicht mit Ideen anderer Philosophen »verdirbt«. Falls die Lehre Krishnamurtis bereits durch andere Weise, Mystiker und Lehrer ausgedrückt worden ist, dann ist dies reiner Zufall, denn er spricht aus direkter Erfahrung. Außerdem kann man der Wirklichkeit, die ewig neu ist, nie mit Hilfe der Erfahrungen oder Ideen anderer ins Auge blicken. Die organisierte Religion, erklärte er, ist das erstarrte Denken des Menschen, der Stoff, aus dem er Tempel und Kirchen baut; sie ist zum Trost für diejenigen geworden, welche in Furcht leben, und zum Opiat für diejenigen, welche Kummer haben. Doch Gott oder die Wahrheit, betont er, liegt weit außerhalb der Ansprüche unseres Denkens und Fühlens.

Es ist bezeichnend, daß die meisten seiner Reden mit ein paar einführenden Bemerkungen über die Kunst des Zuhörens beginnen. Sofort, so ahnt man, geht er direkt zur Ursache aller Probleme. Man versteht nicht, wenn man nicht zuhört. Zuhören ohne anzunehmen oder abzulehnen, zuhören ohne Glauben oder Unglauben ist äußerst schwierig, weil man auf eine Situation entsprechend der eigenen vergangenen Konditionierung und dem eigenen geistigen Hintergrund wie den Glaubenslehren, Philosophien, gesellschaftlichen Konventionen, Vorurteilen und ähnlichem reagiert. Hört man je zu ohne zu interpretieren? Solange man nach dem Muster der vergangenen Konditionierung reagiert, gibt es dann je einen Augenblick reiner Erfahrung?

Welt ohne Ich

Das Unbewußte ist das Reservoir unseres Verlangens, unserer Hoffnungen, Ängste, Sorgen, Rassenvorurteile und ähnlichem. Das willentliche oder unwillentliche Denken wird durch diesen riesigen Geisteshintergrund gelenkt und angetrieben. Der Geist hat die Eigenschaft, alles mit Hilfe dieses Hintergrunds zu interpretieren. Falls man etwas wirklich Neues erlebt, wird ihm ein Name gegeben, und diese sonst neue Erfahrung wird einmal mehr den angesammelten Gedanken, dem Bekannten, hinzugefügt. Deshalb kann man die Wirklichkeit, das Unbekannte, nie mit Hilfe des sich aus dem Denken, dem Bekannten zusammengesetzten Geistes kennen. »Das Denken kann über das, was ist, nur denken; es ist außerstande, es je zu kennen.« Die Wirklichkeit ist dann im Intervall zwischen zwei Gedanken.

Falls man erkennt, so erschütternd dies auch sein mag, daß der Geist unfähig ist, je Neues zu erleben, wird unmittelbar eine grundlegende Veränderung eintreten – das Gedächtnis, dieses Bündel des ganzen Denkprozesses, wird verworfen. Vielleicht stellt man sich die Frage: Kann sich der »Denker« je vom Denken lösen? Diese Frage kommt gar nicht auf, denn es ist ja gerade der Denkprozeß, welcher die Illusion eines »Denkers« oder »Ichs« hervorbringt. Weil nun der Denkprozeß das »Ich« hervorbringt, wird die Auflösung dieses Prozesses zwangsläufig das Verschwinden des illusorischen »Ichs« zur Folge haben. Krishnamurti gehört einer Welt an, welche die Gefängnismauern des »Ichs« hinuntergerissen hat und sich deshalb ununterbrochen in einem Zustand der Kreativität befindet. Man kann über diesen Zustand nur Vermutungen anstellen; Krishnamurti hat ihn unterschiedlich benannt – Wirklichkeit, Liebe, Gott, Wahrheit usw.

Die Wahrheit kann man nicht suchen, weil das Bekannte das Unbekannte nicht verstehen kann. Das Verwerfen des Bekannten jedoch macht einen empfänglich für das unaufgefordert eintretende Unbekannte. Schöpferisches Denken wird schließlich auf den Weg des schöpferischen Handelns hindeuten: Der schöpferische und intelligente Geist wird sich von selbst mit der richtigen Vorgehensweise identifizieren, denn nur ein unschöpferischer und unintelligenter Geist wird eine Wahl und deshalb »freien Willen« haben.

Kindliche Einfalt

Solange der Mensch von der Illusion des »Selbst« besessen ist, strebt er nach eigener Zufriedenstellung, seelischer Sicherheit, wird gierig und besitzergreifend. Echte selbstlose Liebe ist nur dann möglich, wenn das Selbst erzeugende Denken abwesend ist. Krishnamurti sah einmal einem vorbeifahrenden Zug mit der unverfälschten Freude einer neuen Erfahrung zu. Der Anblick eines verdorrten Astes rührte ihn zu Tränen. Diese kindliche Einfalt deutet auf eine außerordentliche Sensibilität hin, bei der er in jedem Augenblick seines Daseins für alles empfänglich ist, sei es für die Pracht eines Sonnenuntergangs oder für das Elend eines Bettlers. Ein solcher Mensch, der wie ein Dichter fähig ist, jede Nuance einer Erfahrung zu empfinden, lebt jenseits der Langeweile und Eintönigkeit des modernen Lebens. Solch ein Mensch wird grenzenlos empfinden und lieben können und wird eine Intelligenz haben, die schärfer ist als die Schneide eines Messers.

Krishnamurti wird ein Rätsel bleiben, solange seine Lehre mit dem Maßstab menschlicher Konditionierung bewertet wird. Im Augenblick jedoch, wo der konditionierte Geist mit der Tatsache der eigenen Konditionierung konfrontiert ist, wird er unmittelbar darauf frei. Dasselbe gilt, wenn wir der Tatsache voll gegenüberstehen, daß wir die Lehre Krishnamurtis nach unseren eigenen Zu- und Abneigungen auslegen: Vielleicht erfassen wir genau bei dieser Konfrontierung die wunderbare Botschaft Krishnamurtis.

Dr. Adikaram lobte meinen Artikel sehr. »Ich finde ihn überaus gut«, sagte er, »doch hat er ein Problem verursacht. Nachdem der Artikel veröffentlicht worden ist, hat sich die Zahl derjenigen, die Eintrittskarten für die Vorträge im Rathaus von Colombo wünschen, um Hunderte erhöht. Uns sind die Eintrittskarten ausgegangen, und der Saal bietet nicht genug Plätze für alle, die Krishnamurti zuhören wollen.« Doch mit charakteristischer Geschicklichkeit löste er dann dieses Problem. Als prominente Persönlichkeit des öffentlichen Lebens übte Dr. Adikaram seinen Einfluß auf die Regierung Sri Lankas aus, und mit Hilfe von I.M.R.A. Iriyagolle, einem Parlamentarier und glühenden Bewunderer Krishnamurtis, wurde Radio Ceylon überredet, alle Vorträge Krishnamurtis für Zuhörer in ganz Sri Lanka und Indien zu übertragen.

In überfüllten Städten wie Colombo, mit akuter Wohnungsknappheit, ist es nahezu unmöglich, einen Hausbesitzer zu finden, der bereit ist, einen geräumigen Bungalow mit schönem Garten bloß für einen Monat zu vermieten. Wir bestanden darauf, daß der gewünschte Bungalow zudem in einer ruhigen Umgebung mit vielen Bäumen sein sollte. Wir dachten, daß nur ein Bungalow mit diesen Voraussetzungen ein für Krishnamurti geeigneter Ruheplatz sein könnte. Ich hatte gerade mit der Suche nach einer solchen Residenz begonnen, als ich einen Hausbesitzer traf, der mir eine mit all den obengenannten Erfordernissen anbot. Dies erstaunte mich sehr. Es war ein ganz neuer eleganter Bungalow am Rande eines schattigen, waldigen Friedhofs in der Nähe der von Bäumen gesäumten Jawatta Road. Der Hausbesitzer sagte: »Es ist mir bereits eine Ehre, wenn er nur einen Tag lang in meinem Haus lebt und es heiligt.« Krishnamurti verbrachte dort mehrere Wochen. Während meines ganzen Lebens habe ich mich immer dann abmühen müssen, etwas zu erhalten, wenn ich es unbedingt für mich haben wollte. Doch dann, wenn ich versuchte, Krishnamurti mit seinen sehr geringen körperlichen Bedürfnissen zu versorgen, wurde das Gewünschte immer auf sehr mühelose und geheimnisvolle Weise erreicht!

Auf dem Flughafen von Colombo stand eine riesige Menschenmenge schon seit mehreren Stunden in der glühenden Sonne, um Krishnamurti zu begrüßen. Als das Flugzeug landete, stürmten die Leute auf das Rollfeld los, damit sie ihn sehen konnten. Man bereitete Krishnamurti einen herzlichen Empfang. Als er in unsere Nähe kam, rief eine laute Stimme: »Welch göttliches Gesicht!« Krishnamurti hörte die Bemerkung zufällig und bedeckte sofort mit seinem weiten, leinenen Sonnenschirm sein Gesicht, was viele Zuschauer hinderte, an jenem Nachmittag sogar nur einen flüchtigen Blick von ihm zu erhaschen.
Ein Pressefotograf bat Krishnamurti, für eine Fotografie zu posieren. »Es tut mir leid«, entschuldigte sich Krishnamurti, »ich habe es auch in New York und London abgelehnt, mich fotografieren zu lassen.«
Der Fotograf flehte Krishnamurti an, sein Begehren zu erfüllen: »Bitte, darf ich eine einzige Aufnahme machen?«
»Wieso fotografieren Sie statt dessen nicht einen Baum oder Berg?« sagte er, indem er rasch wegging.
Krishnamurti mußte auf dem Flughafen ein amtliches Formular ausfüllen. Nachdem er alle Fragen sorgfältig beantwortet hatte, stand er vor einem kleinen Problem. Lange blickte er abwesend auf die punktierte Linie, wo seine Unterschrift verlangt wurde. Er schien nicht zu wissen, was er tun sollte. Krishnamurti hatte tatsächlich seinen eigenen Namen vergessen! Dann flüsterte jemand von seinem Gefolge ihm zu: »Sie müssen hier J. Krishnamurti schreiben.«
»Ah, danke«, sagte Krishnamurti ergeben und unterschrieb das Dokument unverzüglich.
Sein Name hatte weltweit wirklich hohen Prestigewert, doch für ihn bedeutete er nichts mehr als ein bloßes Wort, das ihm die Gesellschaft gegeben hatte. In dieser Hinsicht unterschied er sich deutlich von uns übrigen, da wir untrennbar an unsere Namen gekettet sind. Wer schon möchte den eigenen Namen aufgeben, besonders wenn er mit verschiedenen Erfolgen und Ruhmestiteln in Verbindung gebracht wird? In meinem Geiste ist mein Name

praktisch gleichbedeutend mit meinem Ego, und daher werde ich mich immer an ihn erinnern.

Pressekonferenz in Colombo

Ein paar Stunden nach der Ankunft Krishnamurtis in Colombo, als der aufreibenden Hitze die kühlen Abendbrisen folgten, wurde eine Pressekonferenz auf dem Dachgarten der Behausung von Krishnamurti gehalten. Ein Heer ausländischer und lokaler Journalisten hatte sich dort versammelt. Sie saßen auf Stühlen und Bänken, und einige hockten gefährlich auf der Brüstung. Alle erwarteten ungeduldig die Ankunft Krishnamurtis, der sich auf einen stattlichen, thronartigen Stuhl setzen sollte. Im Augenblick, als Krishnamurti erschien – er sah müde und zerbrechlich aus –, erhoben sich die Anwesenden respektvoll.

»Bitte, Sie brauchen nicht aufzustehen. Bitte bleiben Sie sitzen«, drängte Krishnamurti die Journalisten. Es schien ihn jedesmal zu schmerzen, wenn man ihm mit Respekt begegnete. Er suchte jeglichen Respektbeweis ihm gegenüber zu verhindern. Danach wurde Krishnamurti zum imposanten Stuhl geführt, den man speziell für ihn zurechtgemacht hatte.

»Nein danke«, sagte er streng, und lehnte es ab, sich auf den Stuhl zu setzen. Dann sah er sich um und wählte statt dessen einen ganz gewöhnlichen Holzschemel. Dieser einfache Akt der Bescheidenheit sagte uns viel über seinen Charakter und über das Niveau seiner Lehre.

Ein schneidiger junger Journalist stellte die folgende persönliche Frage: »Betrachten Sie sich als ein voll erleuchtetes Wesen?« Krishnamurti lächelte und antwortete: »Es ist überhaupt nicht wichtig, ob ich erleuchtet bin oder nicht. Wichtig ist, ob Sie all das, worüber ich spreche, untersuchen wollen, und ob Sie im Lichte Ihres eigenen Verständnisses feststellen, daß meine Behauptungen wahr sind. Sie stellen diese Frage, weil Sie tief in Ihrem Inneren Gewißheit suchen, nicht wahr? Dieses Verlangen nach Gewißheit zeigt auf, daß Sie eigentlich Sicherheit wollen.

Ewig strebt der Geist mit Hilfe von Theorien und Erklärungen nach Sicherheit. Wenn ich nun sage ›Ich bin erleuchtet‹, dann nehmen Sie mich ernst und akzeptieren ohne Zögern alle meine Behauptungen. Sie müssen doch bestimmt selbst herausfinden, ob das, was ich sage, vernünftig ist oder nicht. Niemand kann Ihnen dabei helfen. Sie allein müssen es tun. Der Sprecher besitzt keinerlei Autorität. Falls Sie etwas sehr tief und gründlich verstanden haben, dann wird die Wahrheit des Verstandenen in Ihrem Leben wirken. Die Wahrheit besitzt ihre eigene Autorität.«
Die lebhaften Journalisten bombardierten Krishnamurti mit vielen Fragen. Es folgt ein redigierter Bericht einiger Fragen und Antworten:
Sie sagen, daß ein Mensch in geistigen Sachen selbständig sein sollte. Falls Sie das im Ernst sagen, warum vertun Sie dann Ihre Zeit damit, Vorträge zu halten?
Warum verbreitet eine Blume Duft? Eine Blume kann nicht anders, als die Luft mit ihrem Duft zu erfüllen. Wenn Sie etwas ganz klar erkennen, möchten Sie dann nicht diese Klarheit mit anderen teilen? Ich rede, weil ich nicht anders kann. Ich rede nicht, um anderen zu helfen. Das wäre zu gönnerhaft. Ich rede einfach, weil ein Lied in meinem Herzen singt. Und ich singe, egal ob mir jemand zuhören will. Eine Blume blüht, weil dieses Blühen ihre Herrlichkeit, ihre Erfüllung, ihr Dharma ist. Es interessiert die Blume nicht, ob sie den Vorbeigehenden gefällt oder von ihnen übersehen wird.
Ist Ihre Lehre für die wenigen Auserwählten oder für die große Masse? Glauben Sie, daß die breite Masse der Bevölkerung Ihre elitäre Philosophie schätzen wird?
Warum trennen Sie sich von der breiten Masse? Sie sind die Welt und die Welt ist Sie. Vielleicht haben Sie das Glück, in einem Palast mit vielen Dienern zu leben, doch unterscheiden Sie sich psychologisch von der sogenannten breiten Masse? Ob Sie nun reich oder arm sind, ob Sie im Osten oder Westen, in Ceylon oder in Sibirien leben, unterscheiden Sie sich geistig ganz grundsätzlich voneinander? Ganz gleich, wo man lebt und wie die Lebensver-

hältnisse sind, wir leiden und sterben doch alle, nicht wahr? Es ist wichtig, daß wir uns bewußt werden, wie gleich wir geistig alle sind. Der Geist ist sein Bewußtsein und sonst nichts. Und was ist Ihr Geist, außer eine Ansammlung von Ängsten, Hoffnungen, Ambitionen, Verletzungen und Überzeugungen?
Sie haben gefragt, ob es möglich sei, daß die Lehre den Durchschnittsmenschen anspricht. Sagen Sie damit, daß mich ein Bauer nicht verstehen kann? Unterscheidet sich ein Bauer psychologisch von Ihnen? Intelligenz ist nicht eine Gabe, da jedes Individuum im Innern die Fähigkeit zur Einsicht hat.
Sie haben so viele Jahre lang geredet und geredet, doch hat sich die Welt nicht verändert. Bitte, äußern Sie sich über diese Behauptung.
Leute gehen zum Fluß und schöpfen daraus, was sie wollen. Einige gehen mit einem Krug. Andere trinken nur in kleinen Schlucken. Also ist die Frage eigentlich nicht, was man anbietet, sondern was man nimmt. Der Fluß hat eine Menge Wasser, doch Sie schöpfen nur eine Handvoll daraus, gerade soviel, wie Sie damit Ihre unmittelbaren Bedürfnisse vorübergehend befriedigen können. Sie sind leicht befriedigt. Sie sind nicht zutiefst unzufrieden. Sie haben nicht genügend Durst, um das reine Wasser in großen Mengen zu trinken.
Warum haben Sie keine anerkannte Anhängerschaft, wie das bei anderen Gurus üblich ist?
Wissen Sie nicht, daß es die Anhänger sind, welche ihren Guru zugrunde richten? Die Anhänger nutzen ihren Guru aus, und der Guru seinerseits nutzt seine Anhänger aus, und deshalb wird ihre Beziehung eine der gegenseitigen Ausnutzung! Gott sei Dank, daß ich keine Anhänger habe! Finden Sie doch in erster Linie heraus, warum Sie jemandem folgen wollen. Darin werden Sie etwas über sich entdecken. Wozu sollten wir auch irgend jemandem folgen, dem Redner inbegriffen? Sie möchten jemandem folgen, weil Sie im dunkeln tappen. Und wenn Sie Anhänger von jemandem werden, tappen Sie dann nicht immer noch im dunkeln? Müssen Sie aus diesem Grund nicht ein Licht für sich selbst sein?

Wir sind alle so schwach, daß wir Führer brauchen.
Ist es nicht gerade die Gewohnheit, jemandem zu folgen, die Sie schwach gemacht hat?
In der Presse wurde berichtet, daß Sie nicht lesen. Stimmt das?
Ich lese manchmal die Zeitschrift *Time*, um mit den Weltereignissen auf dem laufenden zu bleiben. Ich lese ebenfalls Detektiv- und Kriminalromane. Das ist alles.
Beunruhigt es Sie nicht, daß Ihr reiner Geist durch die verderblichen Einflüsse unrealistischer Literatur wie Detektivromane konditioniert wird?
Den Geist verderben? (Gelächter) Ach, du lieber Himmel! Nichts verdirbt! Der Geist bleibt unbefleckt, unschuldig, jung und frisch.
Wie steht es mit der religiösen Literatur? Befassen Sie sich damit?
Ich stelle fest, daß mich religiöse und philosophische Bücher langweilen. Ich lese solche Sachen nicht.

Sehen ohne Gedankenbilder

Die meiste Zeit, während der sich Krishnamurti in Colombo aufhielt, verbrachte ich in der friedlichen Atmosphäre des Bungalows, den Krishnamurti bewohnte. Mein winziges Zimmer im Parterre befand sich unmittelbar unterhalb des geräumigen und luftigen Schlafgemachs von Krishnamurti im oberen Stock. Jeden Morgen pflegte ich das Haus zu putzen und das Wohnzimmer mit hübschen, süß riechenden Blumen zu schmücken. Krishnamurti liebte Blumen sehr, besonders solche, die zur Familie Jasmin gehören. Glücklicherweise gab es Blumen in großer Fülle, da Besucher Krishnamurti jedesmal Nelken und Rosen zum Ausdruck ihrer Achtung und Zuneigung brachten. Also hatten wir im Parterre, nahe bei der Treppe eine riesige Vase mit vielen Blumen. Immer dann, wenn Krishnamurti an dieser Vase vorbeiging, hielt er kurz an, um die Blumenpracht zu bewundern und beglückt ihren Duft einzuatmen.
Eines Morgens nach dem Frühstück, als uns Krishnamurti das Wesen reiner Wahrnehmung erläuterte, fragte er: »Habt Ihr je

eine Blume betrachtet, nicht bruchstückhaft, sondern *ganz*?« Als wir alle verneinten, klärte er seine Frage folgendermaßen: »Nachdem wir flüchtig eine Blume erblickt haben, mischt sich der Geist gern in diese Erfahrung, indem er ihr einen Namen gibt. Falls Ihr Botaniker seid, wird die Blume sofort klassifiziert und mit einem lateinischen Namen versehen. Ihr sagt, sie gehöre zu dieser Gattung oder zu jener Art. Auch faßt Ihr Eure Erfahrung in Worte wie ›die Blume ist rot‹, ›die Blume ist schön‹ und so weiter. Nun, wenn ihr eine Blume erblickt habt, schaut diese doch einmal weiter an, aber nicht-botanisch, ohne sie durch den Schleier von Worten und Bildern zu sehen. Habt Ihr versucht, eine Blume in einem Zutand totaler Leere anzuschauen? Habt Ihr je versucht, alle Bilder fallen zu lassen, so daß Ihr unmittelbar und unverzerrt wahrnehmt?«
Wir hörten Krishnamurtis Worten mit Bestürzung zu, denn er zeigte uns, wie völlig konditioniert unser Geist war, nicht, daß wir zur reinen Wahrnehmung unfähig wären. Anscheinend haben wir alle lichte Momente reiner Wahrnehmung, flüchtige Blicke von außerordentlicher Klarheit, doch die Schwierigkeit liegt darin, daß diese bald vom alles interpretierenden Mechanismus des menschlichen Geistes überwältigt werden.

Ungestörte Abgeschlossenheit

Obwohl Krishnamurti und ich im selben Hause lebten, war ich nur selten in seiner unmittelbaren Nähe. Dies kam davon, daß Krishnamurti alle seine Mahlzeiten – Frühstück, Mittag- und Abendessen – in der ungestörten Abgeschlossenheit seines Zimmers einnahm, außer bei den wenigen Gelegenheiten, als er zum Abendessen auswärts eingeladen wurde. Jeden Morgen um elf Uhr gab man ihm ein Glas Buttermilch, und am Nachmittag um drei Uhr erhielt er Fruchtsaft. Immer dann, wenn ich diese Getränke in sein Zimmer brachte, war er entweder dabei, angestrengt etwas mit einem Bleistift zu schreiben, oder er ruhte im Bett. Viel Zeit verbrachte er damit, sich zu entspannen. Er legte

sich gerne waagrecht hin und blieb sehr lange regungslos in dieser Haltung, die auch Savasana oder Leichenhaltung genannt wird. Sein Gesicht drückte große Ruhe aus, wenn er dieses Asana vollführte.
Einige Leute waren ziemlich enttäuscht, daß ihnen ein persönliches Treffen mit Krishnamurti verweigert wurde. Sein damaliger Sekretär, R. Madhavachari, reduzierte die Zahl derjenigen, die Krishnamurti treffen durften, auf ein Minimum. Er argumentierte, man solle ihm jede Gelegenheit geben, von seiner in Madras aufgelesenen Krankheit genesen zu können. Doch lange bevor man uns über Krishnamurtis Gesundheitszustand unterrichtete, hatten wir Angebote für ein Treffen mit ihm absichtlich abgelehnt, denn wir waren uns bewußt, daß er viel Zeit zur Genesung brauchte.
Krishnamurti pflegte oft die Vorhänge seiner Fenster zuzuziehen, so daß kein Tageslicht hereinkam. Fast an jedem Tag verbrachte er mehrere Stunden in tiefer Finsternis. Vielleicht hatte er diese Gewohnheit angenommen, um seine überempfindlichen Augen vor den direkten Sonnenstrahlen zu schützen. Vielleicht gab es dafür andere Gründe. Ich habe gelesen, daß völlige Dunkelheit anregt, die verborgensten Tiefen des eigenen Wesens zu ergründen.

Echte Entsagung

Es war ein herrlicher Abend, und Krishnamurti stieg in ein Auto, als er zu einer Spazierfahrt entlang der Strandpromenade mitgenommen wurde. Als sich das Fahrzeug eben zu bewegen begann, rief ihm jemand auf der Straße zu. Es war ein kahler, glattrasierter deutscher Swami in einem Dhoti. Das Gespräch der beiden dauerte nur sehr kurz, doch es ist trotzdem erzählenswert:
»Entschuldigen Sie, wenn ich störe. Darf ich Sie einen Augenblick sprechen?
Das dürfen Sie.
Ich bin schon seit vielen Jahren ein Sannyasin. Ich lebe jetzt in einem

Ashram in der Gegend von Jaffna. Bevor ich auf diese Insel kam, übte ich die Meditation in einem tibetischen Kloster. Ich war wirklich ernsthaft und unermüdlich auf der Suche nach Befreiung. Doch ich habe sie immer noch nicht gefunden. Ich habe meinem Land entsagt, ich habe meiner Familie und meinen Freunden entsagt. Ich habe meinen ganzen Besitz weggegeben. Mir gehört nichts. Ich habe sogar meinen Namen aufgegeben. In mir gibt es nichts mehr, dem ich entsagen könnte.

Doch, haben Sie dem Versuch entsagt, tugendhaft zu werden?«

Der Swami war völlig fassungslos: Krishnamurti hatte ihn auf eine unbequeme ihn betreffende Wahrheit aufmerksam gemacht. Bevor ich in jener Nacht ins Bett ging, überdachte ich Krishnamurtis Worte gründlich und notierte mir dann einige Bemerkungen ins Notizbuch: Es ist das Ego, welches glaubt, geistigen Ruhm mit der Münze der Tugendhaftigkeit kaufen zu können. Es ist das Ego, welches in seinem endlosen Streben nach Wichtigkeit zu »entsagen« wünscht. Wenn Mönche »entsagen«, erwarten sie dann nicht geistige Belohnungen dafür? Doch wer an gar nichts hängt, der echt Entsagende und ohne Motiv Handelnde, verzichtet auf das weltliche Leben konfliktlos.

Intelligenz ist die einzige Sicherheit

Eines Nachmittags bemerkten wir vor dem Hauseingang die Anwesenheit eines unerwarteten Gastes. Er war ein zerlumpter Bettler, der eine Trommel und ein Saiteninstrument bei sich trug. Ich gab ihm ein paar Rupien und bat ihn, einige singhalesische Volkslieder zu singen. Er fing laut und vergnügt zu singen an, so daß Krishnamurti sein Schlafzimmerfenster öffnete und sich hinauslehnte, um dem wohlklingenden Gesang zu lauschen. Krishnamurti hörte ihm eine halbe Stunde lang mit gespannter Aufmerksamkeit zu. Es erstaunte uns sehr, als er plötzlich nach unten kam und den Bettler liebevoll umarmte. Krishnamurti dankte dem armen Mann und schenkte ihm ein reines weißes Handtuch und ein Paar seiner Pyjamahosen. Das war nicht das erste Mal, daß ich bei ihm solch spontane Großzügigkeit gesehen hatte. Bald nachdem der Bettler wieder fortgegangen war, unterhielt sich mein Freund Abeysekara mit Krishnamurti unten im Wohnzimmer:

Wenn wir deine Lehre recht verstanden haben, sollten dann nicht wir alle selbst als Bettler enden?

Physische Sicherheit dürfen wir nicht mit psychologischer Sicherheit verwechseln. Wir alle brauchen angemessene Kleidung, richtige Ernährung und ein Dach über dem Kopf, nicht wahr? Diese Art von Sicherheit ist für die körperliche Gesundheit unbedingt notwendig. Doch brauchen wir die Genugtuung wirklich, so viele Götter, Idole und Überzeugungen zu haben? Wenn du also auf diese Weise psychologische Sicherheit erlangen willst, jagst du bloß Illusionen nach, nicht wahr?

Du hast gesagt, daß Intelligenz die einzige Sicherheit ist.

Richtig. Versuche deshalb deine sämtlichen Bindungen loszulassen.

Ein Bettler zu sein und durch die Straßen zu streichen ist gar nicht leicht. Nie wäre ein stolzer Mensch zum Betteln bereit. Ich würde gern ein Bettler werden: Indem ich für meine Bedürfnisse betteln muß, lerne ich Demut.

Demütig wird man nicht dadurch, daß man sich wie ein Bettler benimmt. Demut kann man nicht mit dem gewitzten Intellekt entwickeln. Erkenne doch, daß es dein Stolz ist, der sagt ›Ich will demütig sein‹. Die sorgfältig kultivierte Demut der religiösen Leute ist in Wirklichkeit nur eine verschleierte Form von Stolz. Wichtig ist deshalb, daß du dich so siehst, wie du bist, in diesem Augenblick, daß du die Tatsache siehst, *was ist*, ohne dich darum zu kümmern, *was sein sollte.*«

Nationalismus ist Gift

An einem informellen Diskussionstreffen, bei dem ein paar begeisterte Nationalisten anwesend waren, zeigte uns Krishnamurti klar und deutlich, wie der Geist des Nationalismus in unserem

Innern für die Aufspaltung der Menschheit verantwortlich ist: »Die Weltprobleme können nur gelöst werden, wenn Sie diese mit einer gesunden Einstellung angehen. Falls Sie die Flagge anbeten, entzweien Sie dann nicht dadurch Menschen, die sonst Freunde wären? Das sehr primitive Gefühl, daß ›mein Volk besser ist als deins‹, kann man bis zur Zeit zurückverfolgen, als der Mensch noch in Stämmen lebte, und Stammestreue sein Verhalten bestimmte. Der Nationalismus ist einer der Hauptgründe für den Krieg. Sehen Sie für sich, daß der Nationalismus Gift ist?«
Kurz nach diesem Treffen gab es ein Programm von singhalesischer Musik, das durch Abeysekara mit Hilfe von Künstlern des Radio Ceylon organisiert worden war. Krishnamurti war der Hauptgast an diesem öffentlichen Gratiskonzert. Die Musikveranstaltung begann mit den Klängen der altbekannten Nationalhymne von Sri Lanka, die mit den Worten ›Namo, Namo Matha‹ anfängt. Krishnamurti lächelte und fragte spöttisch: »Meine Damen und Herren, sollten wir nicht alle aufstehen, wenn die Nationalhymne gespielt wird?«

Imposantes Auftreten

Eines Morgens kam Dudley Senanayake, ein Politiker von hohem Rang und ein ehemaliger Premierminister Sri Lankas, um Krishnamurti zu besuchen. Elegant in einen Straßenanzug gekleidet, traf der stämmige Mann in einer luxuriösen Limousine ein, ständig umringt von den Mitgliedern seines Gefolges. Er hielt seine berühmte Pfeife im Mund und genoß es, daß er noch immer im Rampenlicht stand. In welchem Kontrast er zum schmalen schüchternen Krishnamurti stand, der die schlichteste Kleidung trug!
»Ich stehe heute morgen unter Zeitdruck. Deshalb stelle ich Ihnen nur eine Frage. Würden Sie mir raten, wieder in die Politik einzutreten und nach dem höchsten politischen Amt im Lande zu streben?
Haben Sie versucht herauszufinden, warum die Politik Sie so reizt? Möchten Sie ernsthaft den Lebensstandard der Leute an-

heben, oder möchten Sie eher sich selbst erhöhen? Von welchen unbekannten Kräften werden Sie getrieben? Ist es der persönliche Ehrgeiz? Ist es das Verlangen nach Prestige? Fühlen Sie sich nicht schrecklich wichtig, wenn Sie eine einflußreiche Stellung bekleiden? *Das reicht! Auf Wiedersehen.«*

Das kurze Gespräch endete abrupt, denn der Staatsmann ging wütend davon.

Selbstlosigkeit

Buddhistische Mönche und hinduistische Swamis haben oft eine starke Neigung zu der Lehre von Krishnamurti verspürt, doch selten legten Rabbiner oder christliche Geistliche für diese viel Achtung an den Tag. Deshalb erfreute es einem das Herz, als ein bärtiger Pfarrer Krishnamurti besuchte. Nach ihrem Privatgespräch berichtete der Geistliche wie folgt: »Krishnamurti ist ein sehr reizender Mensch. Er brachte mich dazu, das Symbol des Kreuzes in einem völlig anderen Licht zu sehen. Das Kruzifix, das ich um den Hals trage, ist kein Schmuck sondern ein Zeichen meines christlichen Glaubens. Wie Sie zweifellos wissen, wurde unser Herr Jesus gekreuzigt. Er wurde als Form der Bestrafung ans Kreuz genagelt und dem Tode überlassen. Wir glauben, daß der Tod Christi der höchste Akt war, der die Welt rettete. Durch das heilige Kreuz wurden wir von den Klauen des Todes befreit. Doch Krishnamurti lehrte mich, die okkulte Bedeutung des Kreuzes zu verstehen. Er sagte, das Kreuz symbolisiere die Zerstörung des ›Ichs‹ oder des Selbst. Wenn man den Buchstaben ›I‹ – von ›Ich‹ – mit einer horizontalen Linie durchstreicht, erhält man das Kreuz.«

Die große Stille

Jedesmal wenn Krishnamurti auf den belebten Straßen von Colombo oder ganz draußen auf dem Land spazieren ging, begleiteten ihn immer ein paar seiner Freunde. Dies wurde vereinbart,

weil sein Orientierungssinn nicht ausreichte. Er neigte dazu, seinen Heimweg zu vergessen, wenn er sich ohne Führer hinauswagte. Hier und da auf seinen Spaziergängen hielt er oft lange an, um gemächlich die verschiedenen Dinge zu beobachten, die ihn interessierten, so daß er jeglichen Zeitsinn verlor.
Krishnamurti marschierte gewöhnlich zügig, mit großen Schritten. Erhobenen Hauptes pflegte er im Gehen seine langen Arme zu schwingen. Er fiel immer auf wegen seiner geraden Haltung und ernsten Miene. Es verdutzte mich sehr, wie Fremde auf Krishnamurti reagierten, wenn er durch die Straßen ging. Sogar Leute, die nichts von ihm wußten, fühlten das Bedürfnis, ihn anzusehen. Männer, Frauen und Kinder unterbrachen ihre Tätigkeiten und richteten unwillkürlich ihre Aufmerksamkeit auf Krishnamurti. Vielleicht verhielten sie sich so, weil die Reinheit und Außergewöhnlichkeit Krishnamurtis eine gewisse unbewußte Anziehungskraft auf sie ausübte.
Krishnamurti wies unermüdlich auf die Fehler derjenigen hin, die mit ihm verkehrten. Zum Beispiel hatte ein gewisser junger Mann die Gewohnheit, nach Blättern und Blumen zu greifen und sie dann zu zerquetschen. Als wir eines Tages durch einen Tropenwald gingen und uns an den bunten Blumen und Vögeln freuten, begann dieser Mann, Büsche auszureißen. Krishnamurti sagte ihm, er solle jederzeit hellwach sein, besonders dann, wenn er das Bedürfnis verspürte, Vegetation zu zerstören. Krishnamurti sagte: »Bist du dir bewußt, daß du eben deinem Ärger und deiner Frustration Luft machst?«
Während unserer gemeinsamen Spaziergänge hatten wir kaum Gelegenheit, Krishnamurti eine Frage zu stellen, denn fast immer war er der erpichte Frager. Er lernte begierig von den andern. Er wußte viel über Gartenarbeit und Autos, doch über viele Dinge war er nicht informiert. Er interessierte sich aber gleichermaßen für jedes Wissensgebiet: Er hatte keine überwiegenden, besonderen Neigungen. So vielseitig war sein Geist, daß er seine ganze Aufmerksamkeit auf jedes Thema oder Problem lenken konnte.

Die geheimnisvolle Herrlichkeit des Himmels begeisterte Krishnamurti. Er war mit Astronomie vertraut, und von seinem Balkon oben liebte er es, nachts die Sterne zu beobachten. Er fragte uns nach gewissen Sternen, doch leider wußten wir die Antworten nicht. Er bat uns unter anderem das folgende zu tun: »Betrachtet den Morgenstern vor Tagesanbruch. Meditiert allein und werdet euch der großen Stille und Schönheit bewußt, die das ganze Universum erfüllt.«

Das Unendliche

Krishnamurti verstand voll und ganz, wie vergeblich es ist, das Unbeschreibbare zu beschreiben suchen. Es ging ihm in erster Linie um die Beseitigung von Hindernissen, um die »Entkonditionierung« des Geistes sozusagen, damit dieser selbst in einen gereinigten Empfänger des Unendlichen verwandelt wird. In dieser Hinsicht war Krishnamurti ganz so wie der Buddha, welcher ebenfalls nicht feste Behauptungen über das Unendliche aufstellen wollte, sondern lieber mit einer Reihe verneinender Aussagen auf seine Wesensart anspielte. Das Nirvana wurde auf indirekte Weise das Ungeborene, Ungeschaffene, Unentstandene und Ungeformte genannt. Der konditionierte Geist kann laut Krishnamurti mit dem unkonditionierten Zustand oder dem Anderen nicht in Kontakt stehen. Zwischen dem Konditionierten und dem Unkonditionierten ist überhaupt keine Beziehung möglich.

Der Abend, an dem Krishnamurti mit seinem ganzen Gefühl vom Unendlichen sprach, gehört zu meinen glücklichsten Erinnerungen. »Glauben Sie mir, ich sehe bloß ein Bruchstück des Unendlichen«, sagte er. Und nachdem er die Tränen von seinem verzückten Gesicht gewischt hatte, fügte er hinzu: »Ganz kann man es nicht sehen. So unermeßlich ist das Unendliche.«

Völlige Ergebenheit

Während der vielen Jahre meiner persönlichen Verbindung mit Krishnamurti begegnete ich natürlich einigen seiner ganz leidenschaftlichen Anhänger. Die meisten waren indischer Herkunft, doch die Person, welche sich Krishnamurti in völliger Ergebenheit mit einer Intensität ohnegleichen widmete, war eine bemerkenswerte Engländerin, nämlich Lady Emily Lutyens. Lady Emily, die Gattin von Sir Edwin Lutyens, einem der hervorragenden Architekten dieses Jahrhunderts, kümmerte sich mit mütterlicher Anteilnahme um das Wohlergehen Krishnamurtis. Ihre Autobiographie, *Candles in the Sun* (London: Rupert Hart-Davis, 1957) ist mehr als bloß ihre Lebensgeschichte, denn sie schildert darin in ergreifender Weise ebenso die frühen Lebensjahre Krishnamurtis, an denen sie seit genau dem Zeitpunkt persönlich beteiligt war, wo er als Fünfzehnjähriger zum ersten Mal nach England kam. Dieses Buch erzählt die Geschichte, warum die Autorin 1910 Mitglied der Theosophischen Gesellschaft wurde und sie zwanzig Jahre später verließ. Lady Emily schrieb: »Der einzige mich ganz fesselnde Gedanke dieses Lebens ist die Ankunft des Großen Lehrers«, und sie betrachtete Krishnamurti als »die vollendete Blüte der Menschheit«.

Es war während meiner Studienzeit in Leeds und London, als sich Lady Emily mit mir befreundete. Wie ich ihre glühende Leidenschaft für die Persönlichkeit und Lehre Krishnamurtis bewunderte! Ich erhielt von ihr einen Brief, der auf bewegende Weise Krishnamurti erwähnte:

»London, 7. Okt. 1960

Sehr geehrter Herr Weeraperuma,

es hat mich so sehr gefreut, Ihren reizenden Brief zu erhalten. Ich bin froh, daß mein Buch über Krishnaji Sie interessierte. Ich glaube, Sie würden sich auch für ein Buch meiner jüngsten Tochter Mary Lutyens (Mrs. J.G. Links) interessieren. Es erzählt von ihrem

Interesse für Krishnaji und für dessen Bruder Nitya, der an Tuberkulose starb.
Seit dem ersten Augenblick, als Krishnamurti nach England kam, war ich ihm sehr ergeben und habe ihn immer als meinen Sohn betrachtet, und er nennt mich Mutter. Er ist ein sehr vielschichtiger Mensch oder eher viele Persönlichkeiten in einer Gestalt.
Letzten Frühling war er in London auf seinem Weg nach Ojai und kam mich jeden Tag besuchen. In Indien war er krank und, bevor er hierherkam, war er in einem vegetarischen Spital in der Schweiz, und er sagte mir, im August werde er dorthin zurückkehren. Er hätte sechs oder acht Vorträge in Ojai halten sollen, doch er mußte die letzten wegen seiner Gesundheit absagen. Dann ging er mit Herrn Rajagopal in die Berge. Ich hörte, es gehe ihm viel besser, doch habe ich weder einen Brief von ihm erhalten, noch sonst direkt von ihm gehört. – Also weiß ich nicht, warum er all seine Pläne geändert hat.
Wie Sie erwähnen, litt ich während einigen Jahren unter akuten Depressionen, als all das, was ich glaubte und erhoffte um mich herum dahinschwand, und ich mich in einem dunklen Tunnel befand. Aber jetzt bin ich wieder daraus heraus in die Sonne gekommen. Doch ich befürchte, dies geschah nicht etwa, weil ich mehr wüßte, sondern eher, weil ich jetzt über gar nichts etwas weiß! Die Welt steht Kopf, alle Nationen sind alles andere als vereinigt. So fühle ich mich eher wie der Zuschauer in einem Zirkus!
Ich bin 86 und eher schwach, deshalb hoffe ich, daß ich bald von dieser Welt gehen werde – wohin? Ich weiß es nicht.
Bei dieser heiteren Bemerkung verabschiede ich mich wohl besser und danke Ihnen wiederum für Ihren netten Brief. Falls ich erfreuliche Neuigkeiten von Krishnaji und seinen nächsten Entwicklungen habe, sage ich Ihnen Bescheid.

Mit freundlichen Grüßen
Emily Lutyens«

Ist die Krishnamurti Foundation nötig?

Ich habe immer behauptet, daß die Gründung des Krishnamurti Foundation Trusts ein ungeheurer Fehler war.
Im Kapitel *Sayings of J. Krishnamurti* (s. S. 102) dieses Buches drücke ich meine Desillusionierung über den mangelnden Respekt der Krishnamurti Foundation vor den Wünschen Krishnamurtis aus.
Meine Ansicht über die Foundation habe ich 1968 von London aus in einer an Krishnamurti gerichteten vertraulichen Mitteilung offen zum Ausdruck gebracht:

»Mein lieber Krishnaji,

einige Deiner Freunde wie ich selbst sind höchst erstaunt und beunruhigt, daß Du vor kurzem die Entscheidung gefällt hast, eine neue Organisation, nämlich die Krishnamurti Foundation, zu gründen. Ich bezweifle ernsthaft, ob Du wirklich willst, daß eine solche Organisation entsteht. Wahrscheinlich haben gewisse Leute Dich unter Druck gesetzt, dieser Institution zuzustimmen. Habe ich recht?
Dein ganzes Leben lang hast Du uns vor religiösen Organisationen gewarnt. Deine Bitte war immer, wir sollen uns nicht in diesen verlieren und verirren, sondern ganz einfach und allein bleiben. Deine Auflösung des Sternenordens stimmte deshalb ganz mit dem Geist Deiner edlen Lehre überein.
Natürlich hast Du die Tätigkeiten der Foundation beschränkt, die, wie ich denke, nur eine Art Sekretariat und Verwaltungsorgan sein wird. Du hast mehr als deutlich zu verstehen gegeben, daß die Foundation ganz bestimmt keine religiöse Organisation ist. Aber wer garantiert, daß die Verwalter der Foundation nicht eines Tages ihre Grenzen überschreiten und sich mit priesterlicher Autorität und Überheblichkeit verhalten? Das wird höchstwahrscheinlich geschehen. Alle großen religiösen Lehrer wurden von denjenigen enttäuscht, die behaupteten, sie seien die Hüter ihrer Doktrin.

Deine Lehre hat Unsterblichkeit. Denn ihr immanenter Wert selbst ist es, der ihren Fortbestand sicherstellt. Immer wird sie geschätzt werden, und dies nicht etwa wegen, sondern trotz der Foundation. Was ich unter anderem von Dir gelernt habe, ist, daß die Wahrheit keinen Beschützer braucht, da sie sich selbst beschützen kann.

War es je nötig gewesen, einen Vorstand zu ernennen zum Schutz der Werke von Genies wie Shakespeare, Goethe oder Kalidasa? Haben es die Veden und Upanishaden nicht ohne die Hilfe einer Stiftung vermocht, die Menschheit seit Jahrhunderten aufzuklären? Wie lächerlich, müßte man die Erlaubnis einer Stiftung einholen, um aus diesen Meisterwerken der Hinduliteratur zitieren zu können! Glücklicherweise gab es keine solchen lähmenden Einschränkungen, und so kam in der Folge die indische Zivilisation in ihre Blütezeit.

Sobald Du einen Vorstand mit Eigentumsrechten und finanziellen Interessen an Deiner Lehre hast, dann geschieht was? Werden dann die Vorstandsmitglieder nicht ihre Macht zu eigenen egoistischen Zwecken mißbrauchen?

Wird die Foundation von Heiligen oder von gewöhnlichen Sterblichen mit all ihren menschlichen Schwächen geleitet werden?

Falls Du im Sinn hast, Engel als Leiter anzustellen, dann laßt uns mehr Krishnamurti Foundations gründen. Doch falls sich kein Himmelspersonal finden läßt, wäre es dann nicht besser, die Krishnamurti Foundation aufzulösen?

In Liebe,
S. Weeraperuma«

Krishnamurti beantwortete meinen Brief nicht, und ich fragte mich, was wohl damit geschehen war. Mehrere Monate später trafen wir uns zufällig, als er die Themse entlang spazieren ging. Nachdem wir Höflichkeiten gewechselt hatten, fragte ich ihn, ob er meinen Brief erhalten habe. Krishnamurti sagte: »Ja, das habe ich. Es ist ein ganz vernünftiger Brief.«

Krishnamurtis Persönlichkeit

Ich erinnere mich, wie mir Krishnamurti in den ersten paar Jahren unserer Beziehung wegen seiner Vielseitigkeit wie ein Rätsel erschien. Es war, als ob mehrere verschiedene Personen in Krishnamurti enthalten wären. Ich fragte mich, wie solch scheinbar widersprüchliche Eigenschaften wohl in einem einzigen Menschen bestehen konnten. Später, als sich mein Verständnis für ihn vertiefte, erkannte ich, daß die verschiedensten Facetten seines Charakters alle schön miteinander verbunden waren, so daß seine Persönlichkeit ein harmonisches Ganzes bildete. Betrachten wir doch mal bestimmte Hauptzüge seiner Persönlichkeit.

Zu den liebenswertesten Charakterzügen Krishnamurtis gehörte die besorgte Weise, mit der er denjenigen Leuten zuhörte, die seine Gesellschaft suchten, um mit ihm ihre persönlichen Probleme zu besprechen. Krishnamurti hörte mit solch uneingeschränkter Aufmerksamkeit und solch tiefem Mitgefühl zu, als ob es in der Welt nur diese Probleme gäbe, und sonst nichts wichtig sei. Man merkte, daß er mehr Interesse am Verständnis und an der Lösung ihrer Probleme hatte als die Betroffenen selbst. Er liebte es, eine Frage gründlich zu untersuchen und ihre vielen Seiten aufzudecken. Seine Hände zitterten vor innerer Bewegtheit, wenn er sie mit leidenschaftlichem Enthusiasmus erörterte und besprach. Wer würde sich nicht geehrt fühlen, der Gegenstand solchen Interesses zu werden? Es war diese respekt- und liebevolle Art, auf welche er alle, ohne Ausnahme, behandelte, egal ob sein Besucher Ministerpräsident, ein gelehrter Pandit oder ein mittelloser Paria war.

Es lohnt sich, ein typisches Beispiel des wohlmeinenden Rates in Betracht zu ziehen, den Krishnamurti in seinen Gesprächen erteilte. Mein amerikanischer Freund David Rodriguez, der Krishnamurti während vieler Jahre in Saanen und anderswo zuhörte, schilderte sein Gespräch mit Krishnamurti anschaulich: »›... Lerne zu verstehen, wie du beeinflußt bist vom Geld, Sex,

Macht- und Sicherheitsstreben, von der Ruhmbegierde und von all den Dummheiten dieses unbedeutenden Gehirnchens!‹ sagte er mit Nachdruck, indem er mir auf den Kopf klopfte. ›Befasse dich intensiv und gründlich damit, durchschaue das Ganze. Nur du alleine kannst es tun. Weder ich noch jemand anders kann es an deiner Stelle tun. Und tust du es, dann ist die Arbeit erledigt!‹ Er sagte all dies mit Lebhaftigkeit, indem er so nah wie möglich vor mir saß, mir in die Augen blickte, an meinem Arm rüttelte und mich hin und wieder schubste, als ob er mich aufzuwecken suchte.«

Am Ende einer hektischen Diskussion, die gut über zwei Stunden gedauert hatte, sah Krishnamurti erschöpft aus. Er wollte gehen, doch einige Zuhörer fuhren unbeirrt fort, ihm Fragen zu stellen. Er antwortete ihnen geduldig, doch niemand schien zu verstehen, was er sagte. Dann wandte Krishnamurti einfachere Sprache an, doch noch immer hatte niemand eine Ahnung. Ein Herr wandte sich seufzend an Krishnamurti: »Was tun Sie, wenn ein Mensch unfähig ist, Sie zu verstehen?«

Krishnamurti erwiderte: »Ich werde seine Hand halten.«

Es war eine rührende Antwort. Sogar wenn jeder Versuch, sich mit den anderen zu verständigen, gescheitert war, zeigte er ihnen weiterhin unverändert seine Liebe. Krishnamurti verlor auch nie den Mut trotz so mancher seelischer, jedes Verständnis hemmender Barrieren.

Ein kleines abgemagertes Bettlermädchen aus den Elendsvierteln Adyars sprach Krishnamurti eines Abends auf der Straße an. Sie war kaum zwölf Jahre alt. Sie erzählte schluchzend ihre ganze traurige Geschichte. Sie habe seit den letzten zwei Tagen nichts gegessen. Sie streckte ihre knochigen braunen Hände aus und bettelte um etwas Geld. Krishnamurti steckte sofort seine Hände in die Taschen und fand sie leer. Das war nicht verwunderlich, da Krishnamurti kaum mit Geld umging. Das einzige, was er gerade bei sich hatte, war ein sauberes weißes Baumwolltaschentuch. Also schenkte Krishnamurti ihr dann sein Taschentuch. Liebevoll tätschelte er das Mädchen und ging weiter.

Einige meiner Freunde und ich hatten eines Nachmittags eben eine Mahlzeit mit Krishnamurti genossen und entspannten uns. Krishnamurti entschuldigte sich und ging in die Küche. Als er zurückkam, trug er ein riesiges Tablett mit mehreren Tassen voll von einem köstlichen Getreidetrank. Es war ein Getränk, das er speziell für uns zubereitet hatte. Wie ein altmodischer Kellner in einem feinen Restaurant verneigte sich Krishnamurti vor jedem Gast und reichte ihm das Getränk. Nach dem Servieren verneigte er sich wieder. Krishnamurti betrachtete es nicht unter seiner Würde, uns zu bedienen. Für ihn war keine Arbeit niedrig. Wir waren alle davon beeindruckt, wie völlig frei von Eigendünkel Krishnamurti war. Er sah sich nicht als großen Menschen oder großen Weisen. Er hatte überhaupt kein Bild von sich.

Dieses Sein ohne innere Bilder war besonders spürbar während der unvergeßlichen Stunde, die ich mit Krishnamurti in einem ruhigen Haus von Wimbledon in den frühen 60er Jahren verbrachte. Bei jener Gelegenheit nahm ich meinen holländischen Freund, Dr. Robert Powell, mit, einem Autor von Büchern wissenschaftlicher und religiöser Themen sowie von Büchern über die Lehren Krishnamurtis. Nach unserem Gespräch machte Robert eine tiefgründige Beobachtung: »Als ich mich mit Krishnamurti unterhielt, gewann ich den Eindruck, als gäbe es in seinem Innern gar kein psychologisches Individuum. Das einzige, was ich fühlte, war ein Zustand des Nichts. Man konnte gleichsam durch ihn hindurchgehen.«

Krishnamurti war zweifellos ein hervorragender spiritueller Meister, jedoch betrachtete er weltliche Dinge mit einer gewissen unschuldigen, kindlichen Einfalt. Ich fand zum Beispiel, daß er vielschichtige finanzielle Probleme entweder überhaupt nicht oder nur oberflächlich verstand.

Falls mich ein Mensch um mein Geld betröge oder mich anlöge, würde ich mir natürlich eine negative Meinung über ihn bilden. Das geistige Bild oder die Vorstellung, die ich dann von diesem Menschen habe, wird meine Einstellung zu ihm beeinflussen. Wahrscheinlich würde ich ihn nicht mehr mögen und in meinem künftigen Umgang mit ihm sehr vorsichtig werden. Mein Bild von ihm wird mich davor beschützen, erneut Opfer seiner Unehrlichkeit zu werden. Obwohl Bilder den Geist verfärben und bittere Gefühle auslösen, sind sie in einer Welt voller unehrlicher, betrügerischer Leute uns Schutz und Warnung. Nun, Krishnamurti machte sich weder positive noch negative Bilder der Menschen, die mit ihm verkehrten. Er war sich ihrer Hinterlist und anderer Fehler so wenig bewußt, daß er manchmal von einigen betrogen wurde. Etliche nutzten sein Prestige und seinen Ruf für ihre finanziellen Interessen und für persönliche Vorteile aus. Eines Tages war ich so bestürzt über einige Entscheidungen Krishnamurtis, daß ich zu ihm ging und mit meiner Meinung herausplatzte: »Warum wählst du die falschen Leute als Leiter deiner Schulen und Organisationen? Warum suchst du dir Menschen aus, die darauf versessen sind, ihre persönlichen Ambitionen zu fördern, obwohl es sein mag, daß sie deiner Lehre kein bißchen Interesse entgegenbringen?«

Es war so typisch für Krishnamurti, daß er meinen Vorwürfen ruhig zuhörte, ohne mit ihnen einverstanden, noch mit ihnen nicht einverstanden zu sein.

Was einige von denen anregte, die Krishnamurti ernsthaft zuhörten und mit seiner Lehre experimentierten, könnte man am besten beschreiben als das Krishnamurti durchaus charakterisierende Feuer, seine Leidenschaft und Intensität. Ich bemerkte jedoch, daß unser Feuer nur kurzlebig war, während Krishnamurtis Feuer ewig brannte. Sein Feuer sprühte aus einer unsichtbaren und unbekannten Quelle; es verließ ihn nie. Wie sehr wir doch immer darauf angewiesen waren, daß Krishnamurti diese Intensität in uns wieder entzündete! Ich werde nie vergessen, was er sagte, als wir uns zufälligerweise in einem öffentlichen Park trafen: »Zögere nicht. Schwanke nicht. Geh mit Ungestüm darauf los.«

Sein feiner Humor

»Krishnamurti ist ein ernster, humorloser Redner, der gelegentlich zu Ausbrüchen schroffer Worte neigt« beklagte sich ein christlicher Missionar, nachdem er einem der Diskurse Krishnamurtis an der Society of Friends in Euston zugehört hatte. Dieser Pfarrer aus London hatte den Vortrag nur deshalb besucht, weil ich ihn dazu überredet hatte. Er murrte über seinen vergeudeten Abend und fügte hinzu: »Warum ist Krishnamurti bloß so verärgert? Ein frommer Mensch sollte leise und ruhig sprechen, nicht wahr?«

»Ein Mensch, der mit Leidenschaft spricht und handelt«, erklärte ich, »ist nicht unbedingt verärgert. Ärger entsteht aus Haß und Gewalt und Bosheit, doch die starken Worte Krishnamurtis haben ihren Ursprung darin, daß er um die leidende Menschheit liebevoll besorgt ist. Handelte Jesus aus Ärger, als er in den Tempel ging und diejenigen vertrieb, welche diesen durch Handel schändeten? Griff er damals nicht zu Worten der Verurteilung, als er sie beschuldigte, den Tempel als ›Versteck für Diebe‹ zu benützten?«

Ich traf den Geistlichen niemals wieder. Zur Weihnachtszeit schickte ich ihm ein Exemplar von Krishnamurtis *The First and Last Freedom*. In einem Dankbrief erwähnte er, daß er seine Meinung von Krishnamurti nach der Lektüre dieses Buches revidiert hätte. Er schrieb: »Ich bin sicher, Jesus war auch ein radikaler religiöser Prediger wie Krishnamurti, doch was wir jetzt mitbekommen, ist eine von der Kirche verwässerte Lehre. Jesus und Krishnamurti scheinen beide dieselben Gesichtszüge zu haben. Das ist interessant.«

Jedesmal wenn Krishnamurti die Rednerbühne bestieg, ging eine gewisse subtile Wandlung in seiner Persönlichkeit vor sich. Seine Zurückhaltung und Schüchternheit verschwand; er hatte dann die Art eines unnahbaren Redners, dem es nichts ausmachte, die Gefühle seiner Zuhörer mit seinen Worten zu verletzen; es war ihm gleichgültig, wenn er durch seine Anprangerung von Gurus und ihren Meditationssystemen das religiöse Feingefühl frommer Anhänger kränkte: Er sprach wie ein Mensch, der von einem höheren Verständnis besessen war, das in anderen fehlte; sein Gesicht war ernst, wenn er sprach, und er sprach gewöhnlich langsam und würdevoll. Der ernste Ausdruck seines Gesichts stimmte mit den weisen Worten überein, die von seinen Lippen flossen – Worte, die von kurzen Pausen unterbrochen waren, weil er vermutlich wollte, daß ihr verborgener Sinn tief in den Geist seiner Zuhörer sinken würde; und selten lächelte oder lachte er, wenn er eine Ansprache hielt. Folglich machten sich nicht wenige ein Bild von Krishnamurti, das nicht seinem eigentlichen Charakter entsprach. Denn sie begingen den Fehler, den voreiligen Schluß zu ziehen, Krishnamurti sei ein trübseliger, mürrischer alter Herr. Es stimmt, manchmal sah er schwermütig und niedergeschlagen aus, doch nie war ein solcher Gesichtsausdruck von Dauer, denn sein Gesicht glich einem Kaleidoskop sich ständig wandelnder Mienen, was uns die außergewöhnliche Vielfalt, Lebendigkeit und den Reichtum seines Innenlebens ahnen ließ.

Eine ältere Frau aus Neuseeland, die einmal in eine Vortragsreihe in Madras ging, gestand, sie hätte eine lange Seereise ertragen, »hauptsächlich um das Vergnügen zu haben, Krishnamurti lächeln zu sehen«. Bestimmt war sein Lächeln seraphisch, und es entwaffnete oft viele seiner Kontrahenten, die fest dazu entschlossen waren, Krishnamurti im Argumentieren zu besiegen. Er brauchte nur zu lächeln, und den früheren Feinden Krishnamurtis verflog die sinnlose Wut, und sie wurden zu seinen engen Freunden. Überall wo er hinging, brachte ihm sein geheimnisvoll bezauberndes Lächeln neue Freunde.

Es existiert eine ganze Anzahl wissenschaftlicher Dissertationen über die Psychologie des Lachens. Ich bedaure, Krishnamurti nicht nach der psychologischen Bedeutung des Lachens gefragt zu haben. Ich hätte die Frage stellen sollen: Steckt mehr hinter dem Lachen, als daß es manchmal eine angenehme Erleichterung bei Angst, Sorgen, Schmerz, Leiden und ähnlichem ist? Ich konnte mir ungefähr vorstellen, was Krishnamurti vom Lachen dachte, nachdem ich seine Reaktion darauf bemerkte. Zum Beispiel erklärte er einmal, daß verwirrte Menschen, die ja ständig dem Diktat ihrer Verwirrung entsprechend handelten, nun mal Gurus auswählten, die ebenfalls verwirrt seien. Darauf brüllten die Zuhörer vor Lachen. Krishnamurti winkte mißbilligend ab und sagte: »Bitte, lachen Sie nicht. Ich spreche in vollem Ernst zu Ihnen.« Ein anderes Mal tadelte er eine Gruppe Junger, die bei einem seiner Treffen lachten. »Sie lachen«, sagte er, »weil Sie gefühlsmäßig reagieren«. Trotzdem brach Krishnamurti selber während des Vortrags einige Male in heftiges Lachen aus, wenn jemand einen Witz machte, oder weil sich etwas Lustiges ereignete. Eines Morgens, bei einer inoffiziellen Diskussion zum Beispiel, bemühte sich Krishnamurti redlich, mit allen Anwesenden eine tiefe, von ihm entdeckte Wahrheit zu teilen. Er sagte eben, es sei eine große Freude, alles genau so beobachten zu können, wie es ist, ohne ein Dazwischenkommen des »Beobachters«, denn der »Beobachter« verzerre jedesmal die Beobachtung. Bezüglich der reinen Beobachtung redete Krishnamurti von sich und sagte: »Wenn ich jenen Baum im Garten betrachte, gibt es kein ›Ich‹, das den Baum betrachtet. Es gibt nur den Baum. Es gibt nur das Beobachtete ohne den es betrachtenden ›Beobachter‹.

»Heißt das«, fragte eine ältere Dame gespannt, »daß sich der ›Beobachter‹ mit dem Beobachteten verschmolzen hat, so daß es nur den Baum gibt und sonst nichts? Ist Ihr Körper ebenfalls weg, und hat er sich mit dem Baum verschmolzen?«

»Natürlich nicht!« rief Krishnamurti und brach in schallendes Gelächter aus.

Bhikku Walpola Rahula, der angesehene buddhistische Gelehrte und Autor, der mehrere Diskussionen mit Krishnamurti hatte, sagte mir einmal, er habe festgestellt, wie auffallend ähnlich der Humor Buddhas demjenigen Krishnamurtis sei. Ihr Humor war fein und subtil und zeigte ihren außergewöhnlichen Scharfsinn. Ein kluges Sprichwort sagt, man könne die Intelligenz eines Menschen danach beurteilen, was ihn zum Lachen bringt.

Wenn Krishnamurti lachte, freuten sich seine Bewunderer, denn lachend sah er weniger wie eine Gottheit aus, sondern mehr wie ein gewöhnlicher Mensch mit menschlichen Zügen. Sein Lachen ging von einem leisen Kichern bis hin zu einem mitreißenden, schallenden, an Verzückung grenzenden Gelächter. Manchmal lachte er ununterbrochen einige Minuten lang. Das Lachen erhellte sein Gesicht und Tränen stiegen ihm in die Augen. Die Gefühlsheftigkeit in Krishnamurtis Gesicht war dann so groß, daß er einem Bhakta in Trance glich. Natürlich heiterte sein Lachen alle um ihn auf.

Ich habe Krishnamurti nie unaussprechliche angelsächsische Vulgärausdrücke gebrauchen hören, obwohl er sich ihrer sicher bewußt war, da er Kriminalromane las und mit vielen verschiedenen Menschentypen in Berührung kam. Mehrere Male hörte ich ihn diskrete Kraftausdrücke wie »bloody« (verflucht) und »damn« (verdammt) gebrauchen, doch wer heutzutage empört sich schon über solche Wörter? In seinem goldenen Humor gab es nicht die leiseste Spur von Anstößigkeit, Obszönität oder Skatologie. Sein Humor war makellos, das heißt, er war nicht sardonisch. Er lachte nie boshaft oder spöttisch in der Absicht, einen Gegenspieler zu demütigen. Er lachte einfach wie ein Kind über alles Lustige und Lächerliche.

Wenn wir einen mächtigen Politiker gar nicht mögen, wird er zum beliebten Gegenstand unseres Spottes. Haben wir nicht eine subtile sadistische Freude daran, jemanden zum allgemeinen Gespött zu machen? In der Regel genießen wir es so richtig, über andere zu lachen, doch lachen wir je über uns selbst? Sind stolze Menschen bereit, über sich selbst zu lachen und eine Verletzung ihres aufgeblasenen Ichs zu riskieren? Nur die wirklich Demütigen sind fähig, in ihr Inneres zu schauen und dann über sich zu lachen. Krishnamurti konnte sehr gut über sich selbst lachen.

Obwohl Krishnamurtis Name weltweit hohen Prestigewert hatte

– und dies bereits in seiner Jugendzeit – , ist es beachtenswert, daß er nicht im geringsten an ihm hing. Wenn Leute seinen Namen verherrlichten, rügte er sie scharf, denn jegliche Art eines sich um einen Namen drehenden Personenkultes verhindert einen neuen Zugang zur Lehre. Unsere Schwierigkeit besteht darin, daß wir seinen Namen nicht leicht von seiner Lehre trennen können. Bei einem privaten Gespräch sagte er uns sehr deutlich: »Es ist nicht meine Lehre, sondern die Lehre des Lebens.« Was er wahrscheinlich damit sagen will, ist, daß die Lehre nicht deshalb Wert und Wahrheit hat, weil zufälligerweise Krishnamurti sie zum Ausdruck brachte, sondern weil sie sowieso wahr ist. Mit anderen Worten, die Lehre ist an sich wahr, egal ob es Krishnamurti oder jemand anderes war, der sie in Worte faßte. Krishnamurti war nur gerade zufällig Exponent gewisser offensichtlicher, allgemein gültiger Wahrheiten, aber er wollte anscheinend nie seine Lehre als Eigentum betrachten. Ist es deshalb nicht bedauerlich, daß die Universallehre mit einem bestimmten Namen in Verbindung gebracht wurde? Deshalb ist es durchaus verständlich, warum Krishnamurti einmal lachend sagte, er habe daran gedacht, sich nicht mehr Krishnamurti zu nennen sondern Christopher Murphy!

Diejenigen, welche das Vergnügen des persönlichen Umgangs mit Krishnamurti hatten, unterhielt er manchmal mit vielen lustigen Geschichten, Witzen und einer Fülle von Anekdoten. Krishnamurti behauptete nie, er sei der Autor der komischen Dinge, die er uns erzählte. Eigentlich ist die Quelle einiger seiner Geschichten in der Zenliteratur zu finden. Er änderte die Geschichten jeweils etwas ab. Die Witze und Geschichten anderer dienten ihm dazu, sowohl alle diejenigen zu unterrichten und das Bewußtsein derjenigen zu wecken, welche ihn um Rat fragten, als auch schwerverständliche Argumente der Lehre zu erklären. In Colombo sah man Krishnamurti in seiner Freizeit ein Witzblatt lesen. Er mochte den Humor Mark Twains, und ich bemerkte mehrere Bücher dieses großen amerikanischen Humoristen in Krishnamurtis kleiner privaten Bibliothek von Arya Vihar im

kalifornischen Ojai. Einige seiner Geschichten basierten nicht auf Tatsachen, doch das machte nichts, denn ihr Zweck war die Vermittlung einer Botschaft.
Krishnamurti erzählte gerne Geschichten, die menschliches Verhalten darstellten, welches erklärten Moralprinzipien widersprach. Hier ist ein gutes Beispiel einer solchen Geschichte:
Zwei Mönche, die das Gelübde absoluter sexueller Abstinenz abgelegt hatten – völlige Abstinenz im Denken, Sprechen und Tun – kehrten langsam zu ihrem Kloster zurück, nachdem sie bei einem Begräbnis zugegen gewesen waren. Der an Rang höher gestellte Mönch schritt etwas vor dem jungen Novizen, der einen kleinen Lederbeutel trug mit all den Geldstücken, die man ihnen für ihre Leitung des Begräbnisses angeboten hatte. Als sie beim Dorfbordell vorbeikamen, sagte der junge Novize aufgeregt: »Sollen wir die hiesige Dirne besuchen und all das verdiente Geld verbrauchen?«
Schockiert und empört nahm der ältere Mönch den Novizen ins Gebet: »Schäm dich! Weißt du denn nicht, daß du nicht solche Gedanken haben sollst? Außerdem haben wir nicht genügend Geld, sie zu bezahlen.«
Die nächste Geschichte handelt ebenfalls von zwei Mönchen, die ein Gelübde in Zusammenhang mit der strengen Einhaltung sexueller Reinheit im Denken, Sprechen und Tun abgelegt hatten. Zusammen gingen sie auf eine lange Reise, welche mit einem viele Meilen langen Marsch durch dichte Wälder und sumpfiges Land verbunden war. Sie wollten eben einen Fluß mit starker Strömung überqueren, als eine attraktive junge Frau auf dem Schauplatz erschien und bat, man möge sie über das Wasser bringen. »Geht weg«, rief der junge Mönch, »denn wir haben gelobt, nie mit einer Frau zu tun zu haben.«
»Bitte, helfen Sie mir«, bat sie unter Tränen.
Darauf hob der ältere Mönch spontan die Frau hoch und watete durch den reißenden Fluß. Nachdem sie den Fluß überquert hatten, dankte sie ihm für sein Wohlwollen und verließ die Mönche bald. Nach diesem Vorfall kritisierte der junge Mönch

während mehrerer Tage ununterbrochen das Verhalten des älteren Mönchs. Der junge Mönch beschwerte sich zornig: »Du hast dich unanständig verhalten, als du den Körper einer Frau berührtest.«
Der ältere Mönch erwiderte scharf: »Ich ließ die Frau am Ufer des Flusses, doch du trägst sie noch immer!«
Diese Geschichte veranschaulicht den unkeuschen Geist des jungen Mönchs, der durch eine unschuldige, der toten Vergangenheit angehörenden Tat gestört wurde. Laut Krishnamurti besteht echte Keuschheit darin, daß man frei davon ist, sich irgendwelche inneren Bilder zu machen und im Geiste zu speichern. Seine Einstellung zur Keuschheit war deshalb ganz etwas anderes als die althergebrachte Haltung dazu, welche auf die Vermeidung jeglichen Kontaktes mit dem anderen Geschlecht bestand.
Während Krishnamurti und ich in Gstaad in der Schweiz zu Mittag aßen, war er neugierig zu erfahren, welche kulturell bedeutenden Orte ich in meinen Sommerferien in Rom besucht hätte. Ich sagte, der Höhepunkt meiner Reise sei ein Tag gewesen, den ich damit verbracht hätte, mich in den Bücherregalen der wunderbaren Bibliothek des Vatikans, genannt Bibliotheca Apostolica Vaticana, umzusehen. Ich beschrieb mit Begeisterung die alten Manuskripte, die alten gedruckten Bücher und andere Kostbarkeiten, welche dieser Institution gehören. Ich unterrichtete Krishnamurti, die Verwalter dieser großen Bibliothek hätten dankbar eine Schenkung gewisser Bücher angenommen, die ich im Zusammenhang mit seiner Lehre geschrieben hatte. Einige seiner eigenen Bücher hatte ich auch übergeben, die mit großem Dank entgegengenommen wurden. »Es würde so Spaß machen«, sagte ich, »ihre Glaubenslehren und Dogmen in Frage zu stellen und die ganze Grundlage der römisch-katholischen Kirche zu erschüttern. Glaubst du nicht, es sei nötig, Theologen dazu anzuspornen, Bücher in Zusammenhang mit deiner Lehre zu lesen?«
Krishnamurti fragte: »Interessieren sie sich wirklich dafür?«
Ich antwortete: »Na, wir müssen sie für die Lehre interessieren.

Glaubst du, der Papst hätte Interesse, zu deinen Vorträgen zu kommen?« Die Naivität dieser Frage überraschte ihn. Er sah mich ungläubig an und sagte: »Der Papst in Saanen? Das kann ich mir kaum vorstellen.« Danach sprach Krishnamurti über die prachtvollen Kunstwerke, die er im Vatikan gesehen hatte. Anscheinend hatte Krishnamurti mit keinem Papst eine Audienz gehabt, doch er sprach davon, wie der lächelnde Papst Johannes Paul I. ihm einmal zugewinkt hatte. Krishnamurti zeigte seine Zuneigung für diesen Papst, den er als »freundlichen Kerl« beschrieb. Krishnamurti bedauerte, daß er plötzlich nach kurzer Amtszeit gestorben war.

Mit großer Heiterkeit erzählte Krishnamurti eine Geschichte: In der heiligen Sixtinischen Kapelle, der Papstkapelle, die mit Freskengemälden Michelangelos und anderer Künstler geschmückt ist, fand man einmal einen betenden Bettler in Lumpen. Der Papst bemerkte sofort die Anwesenheit des Bettlers. Daraufhin machte der Papst seinem Ärger Luft: »Wer ist der Mann, der dort kniet? Er ist nicht einmal richtig angezogen.« Der Papst befahl dem Bettler, die Sixtinische Kapelle sofort zu verlassen. Dem Befehl des Papstes mußte man natürlich gehorchen. Da er vom Papst zurückgewiesen worden war, was für den frommen Bettler beinahe einer kleinen Exkommunikation von der heiligen römisch-katholischen Kirche gleichkam, kehrte er niedergeschlagen in seine erbärmliche Kammer in einem Elendsquartier Roms zurück. In der Abgeschlossenheit und Stille seiner Kammer kniete er zum Beten nieder. Plötzlich erschien Gott in Person vor ihm. Der arme Mann glaubte kaum seinen Augen, als er den Allmächtigen in seiner ganzen Herrlichkeit erblickte. Gott sprach liebevoll mit dem Bettler und erkundigte sich folgendermaßen bei ihm:

»Herr, was ist Ihr Problem?«

»Mein Problem ist«, sagte er, »daß ich vom Vatikan vertrieben worden bin.«

»Mach dir keine Sorgen«, sagte Gott, »denn sogar ich bin vom Vatikan vertrieben worden.«

Krishnamurti mochte Witze und Anekdoten über Jesus und besonders über Missionare, die in ferne Länder reisen, um die Heiden zum Christentum zu bekehren, welche den Gott der Bibel nicht anerkennen wollen.

Eine seiner Lieblingsgeschichten handelte von einem eifrigen Missionar, der einer Gruppe Kannibalen das Evangelium zu verkünden suchte. Die Kannibalen ärgerten sich dermaßen über die hochnäsige Haltung des Missionars ihnen gegenüber, daß sie sich entschlossen, ihn zu töten und sein Fleisch zum Abendessen zu verzehren. Sie wollten den Missionar eben in einem großen Kessel mit siedendem Öl braten.

»Bitte, eßt mich nicht«, flehte der erschrockene Missionar.

»Was man ißt«, philosophierte einer der Kannibalen, »ist ganz Geschmackssache. Du magst gerne Beefsteak, doch wir essen lieber Missionare.«

Einige Leute an den Treffen Krishnamurtis waren wirklich seltsam. Ein junger Mann, bärtig und langhaarig in wallendem, weißem, talarähnlichem Gewand, stellte sich Krishnamurti nach seinem Vortrag vor. »Mein Name«, erklärte er, »ist Jesus Christus. Ich bin der wahre Jesus. Der falsche Jesus, welcher vor langer Zeit meinen Namen benutzte, wurde zu Recht gekreuzigt.«

Krishnamurti strahlte, und sie gaben sich die Hand. Nachdem er diesen Mann begrüßt hatte, sagte Krishnamurti: »Sehr nett, Sie kennenzulernen, Herr Jesus Christus.«

Einige von uns, welche dieses Gespräch zufällig mitanhörten, lachten herzlich. Der Mann war ziemlich beleidigt, daß ihn sein Anspruch, der wahre Jesus zu sein, vor gewissen Umstehenden lächerlich machte. Er geriet in Zorn, starrte in unsere Augen und entfernte sich ohne ein Wort zu sagen.

Krishnamurti sprach sein ganzes Leben lang energisch gegen religiöse Organisationen. Diese sind unnütz, weil keine noch so gut geplante und effiziente Organisation je bei der inneren Reise der Gedankenbetrachtung behilflich sein kann; außerdem wird die Beteiligung an den Aktivitäten einer religiösen Organisation oft zur Flucht vor der Arbeit, auf die es eigentlich ankommt, nämlich Selbstbeobachtung. Krishnamurti behauptete immer, die Wahrheit sei ein unzugängliches »pfadloses Land«, und deshalb könne und sollte man sie nicht organisieren. Er verurteilte religiöse Organisationen und erzählte vom Teufel, der mit seinem Freund das folgende Gespräch führte:

Als der Teufel und sein Freund einmal zusammen des Wegs gingen, erblickten sie, wie ein Mann etwas aufhob und es in seine Tasche steckte.

Der Freund: Was hat er aufgehoben?

Der Teufel: Es war ein Stück Wahrheit.

Der Freund: Ist das dann nicht schlecht für dein Geschäft?

Der Teufel: Überhaupt nicht, denn ich lasse ihn das Stück eingesteckte Wahrheit organisieren.

»Ein gewisser europäischer Schriftsteller«, unterrichtete ich Krishnamurti einmal, »hat etwas Neues und Interessantes über deine Herkunft zu sagen. Seine okkulten Untersuchungen haben ergeben, daß du nicht nur auf einem anderen Planeten geboren wurdest, sondern auch, daß du in einem Raumschiff zur Erde gereist bist. Er vertritt den Standpunkt, dies sei der Grund, warum du in dieser Welt des Ehrgeizes und Konkurrenzdenkens so aussichtslos fehl am Platz bist.«

Krishnamurti lachte eine Weile und fragte: »Will er damit sagen, mein Vater habe mich nicht gezeugt? Mein armer Vater!«

Er hörte auf zu lachen, und sein müdes Gesicht wurde sehr ernst. Dann sagte Krishnamurti: »Hüte dich vor Theorien. Theorien binden einen und blenden.«

Krishnamurtis einfacher und unkomplizierter Geist war so aufmerksam, daß er immer die widersinnige und komische Seite einer Situation bemerkte. Zum Beispiel beschrieb er, wie viele bewaffnete Polizisten die Aufgabe hatten, Frau Indira Gandhi, die indische Ministerpräsidentin, zu schützen, als sie ihn einmal in Indien besuchte. Dann erzählte Krishnamurti lachend von einem dicken Polizisten, der sich hinter einem sehr dünnen Baum versteckt hatte und überhaupt nicht bemerkte, daß er von allen Seiten gesehen werden konnte.

Krishnamurti lachte herzlich, als er hörte, wie sich eine gewisse Frau geweigert hatte, einen Film von einem seiner Vorträge anzusehen. Diese Frau hatte behauptet, Krishnamurti in einem Film könne nicht bemerken, daß sie unter den Zuhörern saß und ihm zuhörte. Lachte Krishnamurti über die versteckte Eitelkeit dieser Dame oder über ihre seltsame Erwartung, daß die von ihm Gesehenen irgendwie auf geheimnisvolle Art einen Nutzen daraus ziehen könnten?

Den alten Temple of the Tooth in der malerischen Hügelstadt Kandy betrachtet man überall als heiligsten Ort Sri Lankas, da innerhalb seines geweihten Geländes ein Zahn Buddhas bewahrt wird. Obwohl die buddhistische Lehre jede Art von Anbetung streng ablehnt, beten fromme Buddhisten dieses eine religiöse Relikt seit Jahrhunderten an. Verschiedene buddhistische Könige hielten am Glauben fest, daß derjenige Herrscher, welcher das Glück hatte, im Besitz dieses Zahnes zu sein, auf rätselhafte Weise unbesiegbar war. Als sich Krishnamurti in Colombo aufhielt, besuchte ihn ein buddhistischer Mönch, und dieser begann, die okkulten Kräfte des Zahnes zu loben. Der Mönch wies Krishnamurti unverfroren an: »Da Sie nun hier sind, müssen Sie zu dieser geheiligten Stätte gehen: Dort machen Sie dem Zahn Buddhas mit einer Blumen- und Weihrauchgabe Ihre Aufwartung.«

Krishnamurti lachte über den Vorschlag und fragte: »Aber sind Sie sicher, es ist nicht der Zahn eines Krokodils?«

Dr. Kewal Motwani, ein Soziologe und Autor, lebte in Colombo, als Krishnamurti die Stadt 1957 besuchte. Dr. Motwani war ein alter Freund Krishnamurtis. Lange vor der Teilung des indischen Subkontinents in Indien und Pakistan hatte Krishnamurti einige Zeit bei Dr. Motwani in Karachi gewohnt. Nach der Teilung wollte Krishnamurti Vorträge in Pakistan halten, doch Dr. Motwani bewegte ihn dazu, sein Programm abzusagen. Er bat Krishnamurti inständig, nicht nach Pakistan zu gehen: »Krishnaji, wenn man dort nur einmal deine Ansichten kennt, dann möchten

die mohammedanischen Fanatiker dich bestimmt umbringen.« Krishnamurti hörte auf die Warnung, und deshalb gab es dort nie Vorträge. Folglich war Krishnamurti in der islamischen Welt praktisch unbekannt; übrigens auch in der kommunistischen Welt kannte man ihn kaum.
Eines Abends gab es in der Villa Dr. Motwanis in Colombo einen Empfang zu Ehren Krishnamurtis. Minister, Politiker, Journalisten, Akademiker und mehrere prominente Bürger waren anwesend. Krishnamurti umarmte Dr. Motwani herzlich, als er zu dessen Villa kam. Es war eine rührende Geste der Freundschaft und Zuneigung. Nachdem Krishnamurti Platz genommen hatte, hielt Dr. Motwani eine feierliche Begrüßungsansprache und fügte hinzu: »Krishnaji, immer wenn ich mit dir bin, fühle ich mich in der heiligen Gegenwart Buddhas.« Krishnamurti lächelte und fragte plötzlich: »Aber warst du je in seiner Gegenwart?« Die völlige Ichlosigkeit von Krishnamurti war bei dieser Zusammenkunft besonders spürbar. Seltsam sind die Wege des Ichs, das unaufhörlich nach Komplimenten dürstet. Einer der bemerkenswerten Wesenszüge Krishnamurtis war seine völlige Ungerührtheit, wenn er von seinen Bewunderern hochgeschätzt wurde. Lob und Tadel beeinflußten ihn nicht im geringsten. Spielt es für einen Menschen mit gründlicher Selbsterkenntnis je eine Rolle, was die Welt von ihm denkt?

Ratschläge für die Gesundheit

In seinem langen Leben schonte Krishnamurti seine Gesundheit immerzu aufs äußerte. Er war sehr darum besorgt, seinen Körper so gesund zu halten, daß er seine Lebensmission erfüllen konnte – die Wahrheit zu verkünden und die Dunkelheit der Unwissenheit zu vertreiben. Eine Kritik, die man oft gegen Krishnamurti richtete war, er interessierte sich übermäßig für sein körperliches Wohlbefinden. Doch was sich seine Kritiker nicht dachten, war, daß Krishnamurti eine gute, starke Konstitution haben mußte, damit er der Belastung und dem Streß standhalten konnte, jedes

Jahr zwischen Indien, Europa und Amerika hin- und herzureisen, um Vorträge zu halten. Sogar als er bereits ein zittriger, 90jähriger alter Mann war, wenn viele seines Alters lieber in einem Lehnstuhl schlummern, als Diskurse geben würden, war Krishnamurti immer noch sehr rege. Nicht, daß er etwa stolz darauf war, oder daß es ihm Vergnügen bereitete, seinen Körper gesund zu halten: im Gegenteil, er betrachtete gute Gesundheit als unerläßliche Voraussetzung für die Fortführung seiner Arbeit.

Krishnamurtis Einstellung zur Gesundheit wurde vielleicht auch von verschiedenen Nebenfaktoren beeinflußt. Angesichts seiner brahmanischen Herkunft mit ihrer Betonung auf den höchsten Maßstäben der Körperpflege und richtigen Diät, war es unwahrscheinlich, daß Krishnamurti je seinen Körper hätte vernachlässigen wollen. Bischof C.W. Leadbeater, der sich der Notwendigkeit, den zarten Körper des Knaben Krishnamurti zu schützen, bewußt war, ergriff Maßnahmen zu dessen Ausbildung und Kräftigung. So regte er den Knaben beispielsweise zum Schwimmen und Körpertraining an.

Bereits im zarten Alter von fünfzehn Jahren schrieb Krishnamurti in seinem ersten Klassiker, dem kleinen Lehrbuch *Zu Füßen des Meisters*, über die Wichtigkeit, sich um den Körper zu kümmern. Der Körper wurde mit einem Tier verglichen – dem Pferd, auf dem man reitet. Deshalb sollte man es gut behandeln und sorgsam pflegen; man darf es nicht überanstrengen, und man sollte es korrekt mit nur reiner Nahrung und Flüssigkeit verpflegen. Außerdem muß der Körper »sogar vom winzigsten Schmutzpartikel« stets rein gehalten werden.

Hatha Yoga

Eines Morgens unterhielten sich einige von uns gemütlich im Wohnzimmer des Hauses an der Jawatta Road in Colombo. Krishnamurti rief uns in sein Zimmer und teilte uns Wissenswertes über Hatha Yoga mit. Er lehrte uns, wie man gewisse Asanas am besten durchführt. Wir betrachteten uns doppelt bevorzugt, denn wir hatten den Vorteil, von ihm mehrere wichtige Asanas vorgeführt zu sehen, die er seit vielen Jahren praktiziert hatte. Krishnamurti beim Üben zuzusehen, war eine reine Freude. Bloß in ein verknittertes weißes Pyjama gekleidet bewegte sich sein schlanker gelenkiger Körper mit der raschen und anmutigen Geschmeidigkeit einer Schlange.

»Versteht mich bitte«, erklärte Krishnamurti, »ich praktiziere Yoga bloß für den Körper. Er ist nur ein Mittel, um fit zu bleiben. Yoga ist ein Mittel zum Zweck und nicht Selbstzweck. Man muß sich ganz klar darüber sein, denn für die Yogis ist das Yoga ein Mittel, sich übernatürliche Kräfte anzueignen, die Kundalini zu wecken und all das. Solche Dinge interessieren mich nicht.«

Krishnamurti öffnete weit die Fenster seines Zimmers und atmete die kühle frische Morgenluft ein, hielt den Atem an und atmete aus, als er während etwa fünfzehn Minuten eine Reihe Atemübungen machte. »Pranayama-Übungen sind sehr wichtig«, sagte er, »da sie Sauerstoff in den Blutkreislauf bringen. Das Gehirn kann ohne Sauerstoff nicht arbeiten. Lernt richtig zu atmen, so daß sich euer Gehirn auf dem höchsten Niveau seiner Leistungsfähigkeit befindet.«

»Helfen mir Pranayama-Übungen, intelligenter zu werden?« fragte ich.

»Nicht unbedingt. Das ist ein weites Thema. Darauf möchte ich jetzt nicht näher eingehen, wenn du nichts dagegen hast«, sagte er.

Krishnamurti betonte, wie wichtig eine gute Haltung beim Sitzen und Stehen sei. Er bekräftigte die traditionelle Ansicht, die aufrechte Haltung des Kopfes und der Wirbelsäule steure zur Gesundheit des Gehirns bei.

Krishnamurti sagte uns, eine der vielen Bedeutungen des Wortes »Yoga« sei »Geschicklichkeit in der Bewegung«. Im Bereich des Hatha Yoga bedeutet »Geschicklichkeit in der Bewegung« die perfekte Durchführung der Kombination von Übungen, die den Bedürfnissen einer Person am besten angepaßt sind.

Krishnamurti lernte Hatha Yoga zum ersten Mal von der Lektüre eines Yogabuches, doch leider erinnerte er sich weder an den Namen des Autors noch an den Titel. Er ergänzte seine Kenntnisse dieses enormen Gebiets gerne mit dem, was er von jedem lernte, der sich darin auskannte.

Nach einer Serie Rückenübungen ruhte sich Krishnamurti länger auf dem Rücken in der Leichenstellung (savasana) aus. Danach sprach er mit Begeisterung über sein Lieblingsasana, nämlich der »Kerze«: einer aufrechten Haltung des ganzen Körpers oder aller Glieder (sarvangasana). Wir sahen ihn nicht in dieser Haltung, doch beschrieb er ihre korrekte Durchführung und ihre bestimmten Vorzüge. Man muß sich flach auf den Rücken legen und langsam die Beine anheben, bis der Rumpf, die Hüften und Beine alle vertikal sind. Die Ellbogen liegen am Boden und die Hände stützen den Rücken. Das Kinn wird gegen die Brust gedrückt. Das ganze Körpergewicht tragen die Schultern. Da dieses Asana die Sekretion der Schilddrüse, der wichtigsten Drüse des endoktrinen Systems, reguliert, hilft diese Übung dem ganzen Körper. Sie ermöglicht eine Regeneration des Körpers.

Voller Unbeschwertheit erzählte Krishnamurti eine Geschichte, die den Ursprung des Hatha Yoga zu erklären suchte. Es gab im alten Indien einmal eine besondere Pflanze namens Soma. Man glaubte, sie sei göttlicher Herkunft und in der vedischen Zeit brachte man den Somasaft den Göttern dar. Diese Pflanze hatte gewisse lebensspendende Eigenschaften in dem Sinn, daß diejenigen, welche diese zu sich nahmen, geistig außerordentlich aufgeweckt und sensibel wurden. Die Wunderpflanze machte den Geist sehr scharf, und so war sie verständlicherweise überaus gefragt. Soma starb leider bald aus, und diejenigen, die sie einmal hochgeschätzt hatten, waren nun sehr bekümmert. Deshalb ersetzten die Rischis die Somapflanze durch das ausgeklügelte System des Hatha Yoga. Sie behaupteten, Hatha Yoga könne das Bewußtsein ebenso erwecken wie die Somapflanze selbst.

Mehrere Jahre später traf ich Krishnamurti in London, und er wollte, daß ich dort die Hatha Yoga Stunden von B.K.S. Iyengar besuche. Nachdem ich an zwei Unterrichtsstunden anwesend gewesen war, berichtete ich von meiner Abneigung gegen die strikten Methoden Iyengars, da er seine Schüler oft zu gewissen schwierigen Körperstellungen zwang, obwohl ihre Körper noch nicht dafür vorbereitet waren. Ich behauptete, ein Asana sei doch eine bequeme, behagliche und entspannte Körperstellung, die zur Meditation führt und die man langsam und mühelos einnimmt; doch vielleicht weil dieser Lehrer rasche Fortschritte bei seinen Schülern sehen wollte, sah er über die Tatsache hinweg, daß der Körper eine lange Anpassungszeit braucht, bis er die genügende Geschmeidigkeit hat, sich kompliziert verrenken zu können. Ich sprach von den möglichen schädlichen Auswirkungen, wenn der Körper zu Übungen gezwungen wird. Man sollte den Körper sanft und nicht grob und brutal behandeln. Krishnamurti stimmte meiner Meinung über dieses Thema kräftig zu und unterrichtete mich, er selbst habe bereits mit dem System Iyengars aufgehört.

Ernährung ohne Grausamkeit

Man kann viele ethische, philosophische, ökonomische und ernährungswissenschaftliche Argumente zur Unterstützung des Vegetarismus anführen. Heutzutage vermeiden es viele, Fisch, Fleisch und Geflügel zu essen, da sie sich der Lehre der Gewaltlosigkeit (Ahimsa) oder einem ähnlichen religiösen Grundsatz anschließen, der das Töten verbietet. Doch Krishnamurti schloß sich weder einer Lehre noch einer bestimmten Weltanschauung an. Sein lebenslanges Festhalten am Vegetarismus gründete nicht auf kalter Logik. Sein Vegetarismus entsprang dem Schoße des Mitleids. Sein Mitleid mit Tieren kam seinem großen Mitgefühl für die Menschen gleich. Jegliche Art Schmerz oder Verletzung, die man einem Lebewesen zufügte, widerstrebte seiner Natur ganz und gar. Er hatte eine tiefe Liebe für und Achtung vor allen

Tieren: die zahmen Haustiere wie auch die gefährlichen Tiere der Wildnis, die er zufällig auf seinen Spaziergängen allein in den Wäldern sah. Seine Bücher erwähnen einige der nichtverbalen Verständigungen, die er mit Tieren hatte.

Einmal mahnte Krishnamurti sanft meinen in England lebenden Freund: »Ich weiß von deinem Atem, daß du Fleisch ißt. Esse es nicht. Es ist Gift!« Ich weiß nicht, ob sich dieser Mann nach solchen Worten verletzt fühlte. In Krishnamurtis Rolle als umherziehender spiritueller Lehrer geschah es oft, daß er zwangsläufig Bemerkungen machen mußte, welche die festen Ernährungsgewohnheiten der Leute in Frage stellten und folglich ihren Seelenfrieden störten.

Im Buch *Zu Füßen des Meisters* verurteilte Krishnamurti das schreckliche Tierschlachten, das wegen des Aberglaubens, wonach Tieropfer notwendig seien, begangen wird. Er sprach vom »noch grausameren Aberglauben, wonach der Mensch das Fleisch zur Ernährung brauche.«

Als ich Krishnamurti benachrichtigte, die große Mehrheit der buddhistischen Mönche in Sri Lanka äße schamlos Fleisch und Fisch und rechtfertige ihr Handeln mit Zitaten aus heiligen Büchern, war er sehr betrübt. »Armer Buddha!« rief er.

Im Jahre 1974 trat ich von meiner Stelle an der British Library zurück, da ich eine neue Stelle in Adelaide hatte, wo ich während 12 Jahren (1974-1986) Bibliothekar an der südaustralischen Parlamentsbibliothek war. Vor meiner Abreise von England besuchte ich Krishnamurti und verabschiedete mich. Er schaute mich ernst an und sagte: »Ändere deine Umgebung, wenn du es nicht lassen kannst, doch viel dringender ist eine völlige Veränderung in deinem Innern herbeizuführen.« Er war gegen meinen Plan, in Australien zu leben. Bei unserm Abschied gab er mir den Rat: »Wo immer du hingehst, vertue dein Leben nicht.« Doch vertat man sein Leben, fragte ich mich, wenn man in ein neues Land geht und eine lukrativere Arbeit annimmt? Ist nicht Krishnamurti selbst mehrere Male in Australien gewesen, um Reden zu halten?

Mein australisches Gehalt war so hoch, daß ich es mir ohne Schwierigkeiten leisten konnte, ein paarmal im Jahr nach Übersee zu reisen, um in fernen Ländern wie Amerika, England, der Schweiz, und Indien den Vorträgen Krishnamurtis zuzuhören. Im letzten Jahrzehnt seines Lebens hatte ich besonderes Glück, weil ich Krishnamurti jedes Jahr öfters in verschiedenen Weltteilen traf. Jedesmal wenn er mich zufällig sah, fragte er zuerst entweder: »Magst du Australien wirklich?« oder »Wann ziehst du von Australien weg?« Erst im Sommer 1981, als wir zusammen im Chalet Tannegg (Gstaad, Schweiz) zu Mittag aßen, verstand ich ganz, warum er gegen die australische Lebensart war. »In Australien«, beschwerte sich Krishnamurti, »essen sie Fleischbatzen, die schön zwischen Brotscheiben versteckt sind. Wie nur kannst du in einem solchen Land leben? Willst du einer von ihnen werden?«

Bei einer Gelegenheit fragte ihn jemand, ob die Freiheit von den Lastern wie Alkohol- und Tabakgenuß, sowie von nichtvegetarischer Ernährung einen zum Verständnis seiner Lehre verhelfen könne. Seine Antwort war einfach: »Nicht was man in den Mund steckt, weckt das Verständnis! Man wird die Realität nicht verstehen, lediglich indem man diese Dinge aufgibt. Es ist die Entdeckung der beschränkten Möglichkeiten des Geistes und des Herzens und der Überschreitung beider, die zur Erlösung führt.«

Wenn ein Mensch das Fleischessen »aufgibt« und erwartet, daß er spirituell vorwärtskommt, handelt er dann aus echtem Mitgefühl und Besorgtsein um das Leiden der Tiere? Handelt er nicht aus reinem Eigennutz? Ist es in diesem Fall nicht das ehrgeizige Ich, das sich unter dem ehrenhaften Deckmantel der Spiritualität zu vergrößern sucht? Man kann natürlich ein Vegetarier aus einer Million Gründen werden, doch nur der von selbstlosem Mitgefühl inspirierte Vegetarismus ist erhaben.

Richtige Ernährung

»Falls du dich um das Wohl deines Körpers kümmerst«, bemerkte Krishnamurti, »würdest du lesen und herausfinden, was die Fachleute über die richtige Ernährung gesagt haben. Der Vegetarismus allein garantiert nicht unbedingt eine gute Gesundheit, denn du solltest nur nahrhafte vegetarische Kost zu dir nehmen und alles vermeiden, was den Verdauungsapparat durcheinanderbringt. In meinem Leben habe ich immer auf zwei Dinge Wert gelegt – allein zu sein und das Richtige zu essen.«

Krishnamurti aß sehr wenig, und jeden Bissen, den er zu sich nahm, kaute er gründlich. Einem vielbeschäftigten Geschäftsmann, der dazu neigte, seine Mahlzeiten hinunterzuschlingen, gab Krishnamurti den Rat: »Kaue und kaue und kaue nochmals, und trinke dann das Essen hinunter.« Im Speisesaal aß Krishnamurti so langsam, daß er ständig der Letzte war, der seine Mahlzeit beendete.

Für Krishnamurti war das Mittagessen die Hauptmahlzeit des Tages. Er begann mit einer Frucht wie einem Apfel oder einer Mango. Darauf folgte Rohkost, gewöhnlich Salat. Der nächste Gang bestand aus einer gekochten Speise oder gekochtem Reis. Er beendete die Mahlzeit mit Vollkorngebäck oder einem kleinen Stück Lindt-Schokolade aus der Schweiz. Übrigens hatte ich mehrere Male das Vergnügen, ihm Schachteln mit Lindt-Schokolade zu schenken. Ich bemerkte, wie er gerne das winzigste Schokoladenstück für sich auswählte und den Rest unter denjenigen verteilte, die zufällig in seiner Nähe waren. Er war ohne jedes Besitzgefühl, und was auch immer er erhielt, teilte oder verschenkte er gerne.

Am Lebensabend interessierte sich Krishnamurti für Ginseng, um seine Gesundheit zu stärken und seine Müdigkeit zu überwinden. Von Zeit zu Zeit sandte ich ihm Ginsengvorräte und frischen Käse, was er sehr schätzte.

Das Wesen einer Krankheit verstehen

Krishnamurti behauptete, es sei nützlicher, die Ursachen einer Krankheit zu verstehen, als diese zu bekämpfen suchen. Unser Geist ist so sehr gewöhnt, Vergnügungen nachzujagen und Schmerzen zu verdrängen, daß es uns widerstrebt, mit einer Krankheit zu leben. Anstatt uns mit einer Krankheit abzufinden, möchten wir sie so schnell wie möglich loswerden. Ein Fieber beispielsweise verbirgt einen Segen, denn es verbrennt schädliche Giftstoffe und reinigt dadurch den Körper. Als man Krishnamurti fragte, ob er Allopathie, Homöopathie, Naturheilkunde oder eine andere Methode der Krankheitsbehandlung unterstütze, antwortete er unverbindlich: »Ich denke, an jeder Methode ist etwas Wahres dran.«

»Jeder Bissen, der in den Magen kommt«, bemerkte Krishnamurti, »beeinflußt direkt oder indirekt deine Gesundheit. Mußt du deshalb nicht genau achtgeben, wie du auf verschiedene Arten von Nahrung und Arznei reagierst?« Krishnamurti unterrichtete mich auch, es bestehe eine enge Beziehung zwischen körperlicher Bewegung und dem, was er die »Intelligenz des Körpers« nannte: »Zerstörst du die natürliche Intelligenz des Körpers mit zuwenig oder zuviel Bewegung? Suche beide Extreme zu vermeiden. Finde auch heraus, ob dich deine tägliche Arbeit zu sehr ermüdet und deine Widerstandsfähigkeit gegen Krankheiten schwächt.«

Eine meiner Schwierigkeiten besteht darin, daß jede Krankheit meine Stimmung bedrückt. Wenn eine Krankheit zur Tür hereinkommt, fliegt die gute Laune zum Fenster hinaus. Ich fragte Krishnamurti ausdrücklich, ob körperliches Unwohlsein in ihm nicht eine Depression auslöse. Krishnamurti erklärte, daß trotz der verschiedenen Krankheiten, unter denen er in seinem Leben gelitten habe, keine je seinen inneren Zustand beeinflußt habe.

Die Kunst sich zu entspannen

Obwohl Krishnamurti nie den Vorzug einer offiziellen medizinischen Ausbildung genossen hatte, hatte er ein tiefes, intuitives Verständnis für den Körper. Eines meiner vielen Gespräche mit Krishnamurti war fast ausschließlich einer Diskussion über die Kunst sich zu entspannen gewidmet. »Bevor wir über Entspannung reden: Hast du je selbst die Gründe herausfinden wollen, warum du nervös bist?« sagte er. Er wies darauf hin, daß jeder Kummer oder jedes Problem die totale Entspannung hemme. Er zeigte auch, daß sogar das Schwarztee- und Kaffeetrinken einer der Faktoren sei, die eine Entspannung verhindern. »Wenn dein Körper müde ist«, schlug er vor, »dann nimm keine Anregungsmittel. Was du dann brauchst, ist bloß eine Zeitlang Ruhe.«

Es war ein heißer Nachmittag, und fast alle der im Saal Anwesenden schwitzten. Krishnamurti war von dem über einstündigen ununterbrochenen Reden und dem Beantworten schriftlicher Fragen besonders erschöpft. »Bitte, darf ich eine Verschnaufpause einschalten?« bat er mit schwacher Stimme. Sofort schloß er die Augen und verblieb so etwa fünf Minuten lang. Er saß im Schneidersitz auf dem Boden. Sein ganzer Körper war reglos und sein Gesicht strahlte eine unsägliche Ruhe aus. Wie sehr er doch einer klassischen Buddhastatue glich! Als er plötzlich seine Augen öffnete, drückte sein Gesicht Frische und Munterkeit aus. Er lächelte und fragte: »Können Sie sich auch so ausruhen?« Krishnamurti erklärte das Wesen richtiger Entspannung:

»Wenn Ihr Geist ganz still ist, kommt eine neue Energie von außen und regeneriert Sie.«

Wie die Kranken geheilt wurden

Krishnamurti war nicht sehr gesprächig hinsichtlich seiner angeblichen Fähigkeit, Menschen von ihren körperlichen Leiden zu heilen. Dennoch kam es dazu, daß er beiläufig Leute erwähnte, die irgendwann einmal von ihm geheilt worden waren. Soweit wie möglich suchte er das Wort »heilen« sorgfältig zu vermeiden: er brauchte lieber den Ausdruck »ich half«.

Die Einzelheiten der Geschichte, wie Krishnamurti Vimala Thakar von ihrem Ohrenleiden befreite, sind wohlbekannt, da diese in ihrem Buch mit dem Titel *On an Eternal Voyage* (1966) lebendig wiedergegeben sind. Nach der Veröffentlichung dieses Werkes besuchten viele Kranke Krishnamurti und baten ihn demütig um Hilfe. Da waren die chronisch Kranken, welche bei ihm besonders Hilfe suchten. Die Kranken und die Sterbenden kamen mit den Wünschen, er möge sich aus Mitleid um sie kümmern und sich um ihre Leiden sorgen. Man kann mit dem sehnsüchtigen Wunsch kranker Menschen, eine endgültige Lösung ihrer körperlichen Beschwerden zu finden, mitfühlen, besonders in Fällen, wo die üblichen Behandlungsmethoden keine befriedigenden Ergebnisse gebracht haben. Krishnamurti schien verlegen, wenn ihn zahlreiche Patienten ansprachen und ihn baten, ihre Gesundheit irgendwie wiederherzustellen. Er sagte ihnen offen aber freundlich: »Ich bitte Sie, ich bin kein Arzt.« Er riet ihnen folgendes: »Konsultieren Sie einen sachverständigen Mediziner.« Natürlich waren viele Patienten von Krishnamurti enttäuscht. Einmal, als er sich weigerte, eine Französin wegen eines bestimmten körperlichen Leidens zu behandeln, führte sie sofort den Fall Vimala Thakars an. Sie behauptete, Vimala habe er bevorzugt behandelt, bloß wegen ihrer indischen Herkunft. Sie schalt Krishnamurti weiter und beschuldigte ihn verärgert, »Rassendiskriminierung auszuüben«, da er selbst indischer Abstammung war. Ihre Wut erstaunte und amüsierte ihn auch etwas. »Du lieber Himmel!« rief er aus. Es ist bestimmt falsch zu behaupten, Krishnamurti habe zum Rassismus geneigt. Er liebte alle Menschen gleich – Männer, Frauen, und vor allem Kinder aus allen Ländern. Die gesellschaftliche Klasse, Rasse oder Hautfarbe einer Person beeinflußte nie seine Einstellung zu ihr. Es ist hier beiläufig zu erwähnen, daß auch mehrere Europäer von ihm geheilt worden waren. Ich werde ein paar Beispiele solcher Heilungen später in dieser Diskussion anführen.

Verschiedentlich geschah es, daß Krishnamurti eifrig um eine Heilung leidender Menschen bemüht war, doch wenn er es versuchte, waren seine Anstrengungen entweder völlig vergeblich, oder sie brachten nur halben Erfolg. Der Grund, weshalb er nicht eine hundertprozentige Erfolgsrate hatte, ist schwierig zu verstehen. Was ebenfalls unser Begriffsvermögen übersteigt, ist einzusehen, warum er manchmal die Bitten von Menschen mit großen körperlichen Schmerzen abwies. Handelte er aus Herzlosigkeit? Doch war Gleichgültigkeit dem Leiden anderer gegenüber so untypisch für ihn. Vielleicht schloß er sich der Ansicht an, gewisse Krankheiten sollten wegen ihrer günstigen Wirkung der Reinigung und Regeneration des ganzen Körpers nicht gehemmt werden.

Es war mir ein Rätsel, warum Krishnamurti, der in seinem Leben sowohl unter unzähligen leichten und mehreren schweren Krankheiten als auch unter einem tödlichen Krebs litt, anscheinend sich selbst nicht heilen konnte. Fehlte es ihm an der Kraft, sich selbst von Beschwerden zu heilen? Wäre es nicht möglich, daß er eigentlich die Kraft gehabt hätte, sich selbst zu heilen, doch diese nicht ausüben wollte? Man kann über diese Frage endlos Vermutungen aufstellen und selbst dann immer noch im dunkeln tappen.

»Mensch, heile dich selbst«, ist eine Doktrin, die mit den Lehren Krishnamurtis völlig übereinstimmt, doch nur soweit sie psychologische Fragen betreffen; jedoch in bezug auf nichtpsychologische Zustände wie dem Kranksein, könnte dann die Weigerung, eine externe Hilfe wie einen Heiler aufzusuchen, der Gipfel der Torheit sein, besonders dann, wenn das Heilen das einzig bekannte Mittel zur dauerhaften Überwindung einer Krankheit ist.

»Ich habe es nicht getan! Ich habe *überhaupt* nichts getan!« Das waren Krishnamurtis energische Worte, als man ihn unterrichtete, er habe eine gewisse Person von einer sehr schweren Krankheit geheilt. Offensichtlich weigerte er sich, jedes Verdienst für die Genesung dieser Person in Anspruch zu nehmen. Während er

früher bereitwillig zugegeben hatte, er habe dem Heilprozeß »geholfen«, wies er diesmal jede Verantwortung dafür ab.
In den späteren Jahren seines Lebens behauptete Krishnamurti, er sei nur ein Instrument des Heilens. Sein Geist-Herz war so rein und schön, daß eine unbeschreibliche Kraft, »das Andere« ihn zu Wunderheilungen benutzte. Es war, als ob die Mutter Natur ihre stärkenden, erneuernden und heilenden Eigenschaften durch Krishnamurti, der selbst ein vollkommenes Kind der Natur war, kanalisieren würde. Die Rolle Krishnamurtis im Heilprozeß könnte man mit derjenigen einer von einer Schreibkraft gebrauchten Schreibmaschine vergleichen. Die Schreibmaschine kann nicht von selbst schreiben. Anders ausgedrückt heißt das, die Schreibmaschine ist bloß ein schwaches Instrument oder Medium in den Händen der Schreibkraft.
Diejenigen, die empfänglich für und empfindlich auf sie waren, die wenigen Glücklichen, konnten jene verborgene Kraft und Energie anzapfen, die durch Krishnamurti strömte. Manchmal wurden die in unmittelbarer Nähe von ihm lebenden Menschen Nutznießer dieser geheimnisvollen Energie, die sich in ihm manifestierte. Laßt uns jetzt ein gutes Beispiel einer solchen Heilung betrachten. Ein zutiefst besorgter tamilischer Herr aus Jaffna, dessen Lippen vor Aufregung bebten, besuchte eines Tages das Ackland House in Colombo, als Krishnamurti 1980 dort wohnte. Er brachte seinen vierjährigen epileptischen Sohn mit. Der Knabe litt dazu unter einem Sprachfehler, und dadurch war für ihn eine deutliche Artikulation unmöglich geworden. Das Kind war blaß im Gesicht. Der Mann bat mich, eine Besprechung für ihn mit Krishnamurti zu vereinbaren, da er eine baldige Heilung seines Sohnes begehrte. Im Interesse dieses Mannes handelnd erwog ich die Möglichkeit, eine solche Besprechung zu arrangieren. Doch man sagte mir, Krishnamurti gewähre keine Privatgespräche mehr, da er sehr müde sei. Als ich diese Botschaft dem Vater des Kindes überbrachte, bestand er darauf, man solle ihm die Gelegenheit eines Treffens mit Krishnamurti nicht verweigern. Er bat unter Tränen: »Erlauben Sie uns, nur fünf Minuten

bei Krishnamurti zu sein.« Seine Bitte, Krishnamurti sehen zu dürfen, wurde zum zweiten Mal zurückgewiesen. Darauf versuchte ich ihn mit dem Vorschlag zu trösten, er solle das Kind zu den Vorträgen Krishnamurtis bringen. »Gehen Sie frühzeitig in den Saal«, riet ich ihm, »und setzen Sie sich ganz in die Nähe der Rednerbühne, von welcher Krishnamurti spricht.« Er nahm den Vorschlag an. Der Mann und das Kind besuchten regelmäßig alle Vorträge, und man sah sie auf dem Boden direkt vor Krishnamurti sitzen. Am Ende der Vortragsreihe erschien dieser Mann im Ackland House mit einem Korb voll von den besten Mangos aus Jaffna, alle reif und frisch. Es war ein Geschenk für Krishnamurti. Der Mann sah sehr heiter und entspannt aus. Er erzählte mir lächelnd, sein Sohn, der alle Vorträge besucht hatte, sie jedoch wegen mangelnder Englischkenntnisse nicht hätte verstehen können, leide nicht mehr unter Epilepsie. Was den Sprachfehler betreffe, so sei auch dieser seltsamerweise verschwunden.

Man hat lange geglaubt, die Wirksamkeit des Heilens hinge von der magischen Berührung der Hände des Heilers ab. Im eben erwähnten Beispiel legte er weder die Hände auf ihn noch berührte Krishnamurti den Jungen. Krishnamurti, der Heiler, wußte nicht einmal, daß er an der Heilung teilnahm. Es scheint mir wichtig zu wiederholen, daß die Anhaltspunkte in bezug auf Krishnamurtis Heilungen klar darauf hindeuten, daß die eigentliche Quelle oder der eigentliche Ursprung seiner Heilkraft nicht auf ihn selbst zurückverfolgt werden kann. Er war bloß das Mittel, wodurch eine außergewöhnliche Kraft auf andere, und zu deren Wohl, übertragen wurde. Diese Kraft war wahrscheinlich außerhalb der bewußten Gewalt von Krishnamurti selbst, im Sinne, daß sie nicht auf sein Geheiß hin wirkte.

Krishnamurti maß seinen Heilungen keine große Bedeutung bei. Bei einer Diskussion erzählte er ein Erlebnis seiner Jugendzeit. Krishnamurti spazierte eben in einer mittelalterlichen holländischen Stadt, als ein Aussätziger, der in einer engen Straße auf ihn gewartet hatte, herankam und nach ihm griff. Auf jene

Körperberührung hin war der Aussätzige von seiner Krankheit völlig geheilt. Ein paar Tage später tat dieser Mann »etwas Schlechtes« (Krishnamurti machte keine genaueren Angaben über die Missetat) und kam deshalb ins Gefängnis. Krishnamurti stellte die Frage: »Half ich jenem Mann wirklich? Jedermann kann den Körper heilen, doch nur Sie allein können Ihren Geist heilen. Der Zustand Ihres Geistes beeinflußt Ihre Gesundheit. Deshalb ist es weit wichtiger, das innere Durcheinander aufzuräumen und im Geist Ordnung zu schaffen.« Richtiges Verhalten ist etwas, das Krishnamurti von denjenigen, die sich ernsthaft für seine Lehre interessierten, erwartete. Hätte sich dieser Mann bemüht, seinen Geist von asozialen Wesenszügen zu säubern, hätte er sich dann nicht richtig verhalten?

Im malerischen Alpendorf Saanen in der Schweiz sprach Krishnamurti während fünfundzwanzig Jahren regelmäßig. Dort traf ich immer einen gut gekleideten Europäer, der in der Zuhörermenge jeweils auffiel, weil er die Gewohnheit hatte, einen weichen Filzhut zu tragen. Er saß gewöhnlich allein in der letzten Reihe. Kaum sprach er je mit einem der Teilnehmer dieser Treffen. Er gestand, er sei »nicht besonders an diesen Vorträgen interessiert«. Ich fragte ihn selbstverständlich: »Warum kommen Sie dann hierher?« Ich bin froh, Notizen seiner erstaunlichen Erklärung gemacht zu haben:

»Ich komme nach Saanen, um meine Dankbarkeit gegenüber Krishnamurti – meinem Lebensretter – auszudrücken. Ich sehe ihn gern. Diesen Menschen mit der ehrwürdigen Haltung zu sehen, ist für mich wie ein Tonikum. Der Hauptgrund, warum ich hierher komme, ist, daß ich vor fünfundvierzig Jahren unter Schwindsucht litt. Früher verstand man unter dem Namen ›Schwindsucht‹ die ›Tuberkulose‹. Eine meiner Lungen war so sehr beschädigt, daß die Ärzte sie entfernen wollten. Eines Nachmittags besuchte ich Krishnamurti, ohne mich vorher mit ihm verabredet zu haben. Sehen Sie, ich wollte wissen, ob er mir zu einer Operation riet. Er schritt eben aus der Pforte. Er sagte: ›Bitte entschuldigen Sie mich. Ich habe heute viel zu tun gehabt, und ich bin zu müde, Sie zu treffen. Ich mache nun einen Spaziergang. Sie können mich begleiten, wenn Sie wollen.‹ Ich war einverstanden. So gingen wir lange zusammen durch Wiesen und Felder und er sprach kaum. Als wir auf einem kahlen Stück Land standen, sagte Krishnamurti: ›Im Augenblick, als ich Sie sah, bemerkte ich Ihre Krankheit. Mein Bruder hatte dasselbe Leiden.‹ Dann bat er mich, ohne Furcht zu sein: ›Haben Sie keine Angst.‹ Dann geschah es, daß er begann, seine Finger über meine Wirbelsäule gleiten zu lassen. Er rieb mein Rückgrad mit seinen Händen. Ich fühlte Hitze aufwallen, die begann, in Richtung Kopf zu steigen. Ich spürte etwas Brennendes im Oberkörper. Eine unbehagliche Schwere ließ mich beinahe zusammenbrechen. Er hielt mich fest und half mir, in sein Haus zurückzukehren. Einige Wochen später fühlte ich mich kräftiger und meine Gesundheit verbesserte sich zweifellos. Man machte Tests, und die Ärzte erklärten, die kranke Lunge sei nicht mehr krank. Die Operation war nicht länger nötig.«

Ein gewisser mir persönlich bekannter Schriftsteller besuchte früher regelmäßig die Vorträge Krishnamurtis in Bombay und Madras. Er ist groß gewachsen, schlank und stark. Nie in seinem Leben hatte er eine schwere Krankheit. Ganz unerwartet jedoch begann er abzunehmen und sich sehr müde zu fühlen. Bestürzt hörte er, wie mehrere Ärzte behaupteten, seine Lebenserwartung sei wegen eines Krebsgeschwürs in seinem Mund nur noch sehr kurz. Er fand sich gelassen mit der Unvermeidlichkeit seines bevorstehenden Todes ab. Mit Hilfe eines Testaments überließ er seinen Besitz seinen Kindern. Danach besuchte er Krishnamurti zum letzten Mal. Im Laufe ihres Gesprächs bat ihn Krishnamurti, seinen Mund weit zu öffnen, da er dieses bösartige Geschwür selber sehen wolle, anstatt sich auf die ärztliche Meinung zu verlassen. Nach dem Bericht dieses Mannes schaute Krishnamurti wie ein Zahnarzt in seinen Mund. Er berührte sanft seinen Hals und sagte: »Mache dir keine Sorgen. Es wird dir schon gut gehen.« Etwa eine Woche später waren die Ärzte überrascht, daß der Krebs verschwunden war. Vor sieben Jahren war er geheilt worden, und es freut mich, sagen zu können, daß der Krebs bis heute nirgends in seinem Körper wieder aufgetreten ist.

Spätabends, wenn die Vögel für die Nacht zu ihren Rastplätzen zurückkehren, ging Krishnamurti gerne an den herrlichen Strand, der an das Gut der Theosophischen Gesellschaft Adyars in Madras grenzt. In Begleitung der Präsidentin dieser Gesellschaft, Radha Berniers, und anderer Freunde genoß Krishnamurti seine Spaziergänge von der den schlammigen Adyar Fluß überspannenden Brücke bis zu einer in der Nähe am Ufer gelegenen Gruppe von Hütten, wo Fischerfamilien leben. Manchmal pflegten notleidende und in Lumpen gekleidete Slumkinder Krishnamurti zu folgen oder neugierig zu umschwärmen. Er wich ihnen nicht aus, wie dies gewöhnlich manche snobistische reiche Leute tun. Einmal sah ich, wie Krishnamurti diese Kinder liebevoll auf den Kopf tätschelte. Es war eine Freude, Krishnamurti raschen Schrittes, seine langen Arme in der kühlen Abendbrise schwingend, schreiten zu sehen. Hin und wieder hielt er an, schaute erfreut ins kabbelige Meer hinaus zum fernen Horizont. Oft wurden seine Spaziergänge von Passanten unterbrochen, die sich entweder kurz mit Krishnamurti unterhielten oder mit ihm freundliche Grüße austauschten. Inder und Menschen aus fernen Ländern, die zu den Vorträgen gekommen waren, versammelten sich hier bei Sonnenuntergang in großen Mengen. Natürlich zog Krishnamurti alle Blicke auf sich.

Eines schönen Abends saßen eine indische Freundin und ich gemütlich auf einer Sandrippe. Natürlich erwarteten wir Krishnamurtis Ankunft am Strand. Dieser Ort wird von vielen als heilig betrachtet, denn es war hier, wo Bischof Leadbeater den jungen Krishnamurti und dessen, wie er sagte, von Egoismus freie Aura zum ersten Mal bemerkt hatte. Meine Freundin, die sich zutiefst für die Lehre Krishnamurtis interessiert, besprach mit mir ihre persönlichen Probleme. Sie war wohlhabend und gesund, doch litt sie unter häufigen Migräneanfällen. Diese Krankheit hatte ihr wegen der starken Kopfschmerzen, der Übelkeit und des Erbrechens viele Qualen bereitet. Versuche, sich davon zu heilen, hatten Sie ein Vermögen gekostet. Während Jahren versuchte sie verschiedene Behandlungen, doch all ihre Mühe, eine Lösung dieses Problems zu finden, war vergeblich geblieben. Ich hatte ihr einige Yoga Atemübungen beigebracht, die sie auch übte, doch ihre Beschwerden hatten nicht wesentlich nachgelassen.

Als wir so miteinander sprachen, sahen wir in der Ferne die schlanke Silhouette Krishnamurtis. Er schritt rasch in unsere Richtung. Von einer merkwürdigen Bewegtheit besessen, rief meine Freundin aus: »Ich möchte seine Hände küssen! Soll ich?«

Ich antwortete: »Es steht dir frei zu tun, was du willst.«

Sie rannte und hielt Krishnamurtis Hände. Dann küßte sie diese. Die Begegnung dauerte nur ein paar Sekunden.

Nach diesem Ereignis ist sie nie wieder von Migräne gequält worden.

Eine der Naturattraktionen Colombos ist die berühmte Strandpromenade Galle Face Green, wo Krishnamurti abends gerne gemächlich spazieren ging. Früher war sie eine Rennbahn und ein Treffpunkt für politische Versammlungen und Militärparaden. Heute dient sie hauptsächlich den Leuten, die sich entspannen und die frische Meeresbrise genießen wollen. Eines Abends im November 1980 gingen Krishnamurti und ich dort spazieren. In der Stunde, die wir zusammen verbrachten, ereignete sich manch Bemerkenswertes.

Krishnamurti begrüßte das stürmische bläulich grüne Meer, indem er sich respektvoll davor verbeugte. Dann verbeugte er sich viermal, einmal indem er sich gegen den Norden drehte, einmal gegen den Süden, den Osten und den Westen. Es war, als ob er feierlich eine alte mystische Zeremonie vollziehen würde. Ich nehme an, dies war seine Art, die unendliche Weite des Weltalls und die Schönheit der Natur zu bewundern. Der bunt leuchtende Himmel ist kurz vor und kurz nach Sonnenuntergang bezaubernd schön.

Krishnamurti fand einen ziemlich großen Stein inmitten des Pfades, auf dem wir gingen. Eine unvorsichtige Person hätte leicht über ihn stolpern und fallen können. Krishnamurti versuchte den Stein aufzuheben, doch er war zu schwer für ihn. Danach stieß er ihn mit dem Fuß energisch weg und machte so den Pfad frei. Manche solche Taten, die von seinem Gemeinschaftssinn zeugen, bleiben unbekannt, denn er erwähnte sie nur selten.

Zwei junge Männer erkannten Krishnamurti. Sie grüßten ihn sogleich und sagten: »Sie kennen uns nicht. Doch wir wissen viel über Sie.« Krishnamurti zuckte mit den Achseln und entfernte sich rasch von ihnen. Ich wurde mir dann eines der Nachteile des Berühmtseins bewußt, nämlich, daß die Gesellschaft selten das Recht einer berühmten Persönlichkeit auf ein Privatleben respektiert.

Krishnamurti schritt flott voran, schaute zugleich zum Himmel und bewunderte die Farbe und Form einer dunklen silberumsäumten Wolke, als ein Ehepaar mittleren Alters die Arme hob und ihn anhielt. Wir standen vor einer dunklen, fülligen Singhalesin in weißem Sari. Sie wurde von ihrem bebrillten Gatten begleitet. Zuerst begrüßte sie Krishnamurti und sagte entschuldigend: »Verzeihen Sie, wenn ich Sie störe. Können Sie mir bitte einen Gefallen tun?«

Krishnamurti winkte mit der Hand widerwillig zur Seite und sagte: »Ich gehe jetzt spazieren.«

Die Frau versuchte Krishnamurti, der weitergehen wollte, aufzuhalten und sagte: »Es wird nicht lange dauern. Tun Sie mir den Gefallen, mein Ohr zu berühren – nur einmal. Ich bin von Geburt an auf einem Ohr taub. Können Sie mich heilen?«

Krishnamurti lehnte es ab, sie zu berühren. Er sagte einfach: »Es tut mir leid.«

Die Frau begann zu schluchzen. Enttäuscht und gereizt kritisierte der Gatte Krishnamurti streng: »Wir haben gehört, daß Sie andere Leute geheilt haben. Warum können Sie nicht auch meine Frau heilen? Heilen Sie nur Ihre Günstlinge?«

Krishnamurti erklärte, er wünsche jenen Abend ungestört zu bleiben. Ich fragte mich, was er mit dieser Aussage genau meinte.

Wahrscheinlich versuchte er zu sagen, er möge an jenem Abend aus einem geheimen Grund nicht gerne Leute treffen. Nun, falls es die Ruhe des Alleinseins war, die er sich wünschte, kann man diese nicht auf einer öffentlichen Anlage, die Tausende überqueren, erwarten.

Krishnamurti wollte weitergehen, doch er wurde davon abgehalten, denn die Dame hatte fest Krishnamurtis linken Arm ergriffen! Sie bat wiederholt um Hilfe.

Krishnamurti sagte: »Oh nein, es tut mir leid.«

Manchmal ist Krishnamurtis Verhalten sehr schwer verständlich. Obwohl er die personifizierte Liebe war, hatten Außenstehende den falschen Eindruck, er habe ein hartes Wesen und es mangle ihm an Mitleid.

Da ich mit der Traurigkeit dieser Frau fühlte, besprach ich mit Krishnamurti meine Meinung darüber, was unter den Umständen wohl das beste wäre.

Ich sagte: »Sie bittet dich nur, ihr taubes Ohr zu berühren. Falls du es nicht tust, dann lassen sie dich nicht mehr von hier los.«

Krishnamurti flüsterte: »Nun gut.«

Eilig berührte Krishnamurti sie am tauben Ohr. Danach strich er ihr mit seinen langen, spitz zulaufenden Fingern in kreisförmiger Bewegung über den Kopf. Zuletzt berührte er wieder ihr defektes Ohr. Die feste Frau strahlte vor Freude. Sie dankte ihm und löste dann ihren festen Griff von seinem Arm. Krishnamurti durfte gehen.

Nach einem der öffentlichen Diskursen Krishnamurtis in Colombo traf ich dieses Ehepaar zufällig bei einer Bushaltestelle wieder. Sie sagte: »Diese Stocktaubheit ist weg. Ich kann jetzt etwas hören. Bitte sagen Sie Krishnaji, ich sei ihm sehr dankbar.«

Ein Rezept gegen den Rassismus

In den vierzehn Jahren, die ich in England verbrachte, war ich Opfer verschiedener Rassendiskriminierungen. Der Virus des Rassismus zeigte sich auf tausend subtile Arten. Ich wurde wegen meiner braunen Gesichtsfarbe verhöhnt. Ich war auch die Zielscheibe von Spott mit rassistischen Untertönen. Mehrere Arbeitgeber enthielten mir absichtlich Beförderungen vor und unterbezahlten mich. Krishnamurti war sich meines geheimen Leids schmerzlich bewußt. »Behandeln sie dich gut?« fragte er mich häufig. Unter dem vielen Wertvollen, das ich von ihm lernte, war sein Rat, ich solle nie eine Beschimpfung erwidern. Krishnamurti riet gegen Vergeltungsakte: »Beobachte einfach deine Reaktion auf jedes unfreundliche Wort, und deine Verletztheit schwindet.« Das war das Patentrezept Krishnamurtis für ein harmonisches Leben in einer feindseligen Gesellschaft.

Ein Sozialarbeiter stellte an einem Treffen in London die folgende Frage: »Wie würden Sie das Problem der Rassentrennung lösen, das den freien Umgang von Personen verschiedener Hautfarbe verhindert?«

Krishnamurti sagte: »Mein Herr, sind wir nicht alle farbig? Ist Weiß nicht auch eine Farbe?«

An einem Londoner Treffen sprach Krishnamurti über das Wesen des Nationalismus und darüber, wie er an der Aufsplitterung der Welt in winzige Bruchstücke schuld habe. Ein zorniger junger Mann störte Krishnamurti durch Zwischenrufe und fragte unverschämt: »Warum kehren Sie nicht nach Indien zurück und predigen Ihrem eigenen primitiven Volk?«

Krishnamurti sagte: »Ja, mein Herr, die Wahrheit wird nur vom Menschen erkannt, dessen Geist primitiv ist, das heißt, er ist einfach und nicht konditioniert.« Krishnamurti blieb ruhig und geriet nie aus der Fassung, trotz der Feindseligkeit gewisser Teilnehmer des Publikums.

Wie viele wurden radikal verändert?

Unzählige Tausende haben Krishnamurtis Diskursen zugehört und seine Bücher gelesen, doch wie viele von ihnen wurden vollständig umgewandelt? Wir alle wurden von dem, was er sagte, beeinflußt, so daß sich in unserem Leben kleinere Veränderungen zeigten. Viele Leute berichteten, gewisse sekundäre Veränderungen wie das Aufgeben des Alkohol- und Fleischkonsums seien eingetreten. Einige waren nicht mehr von Geistlichen und Psychiatern abhängig, um ihre persönlichen Probleme zu lösen. Zugegeben, es gab Veränderungen. Aber trat die große Veränderung ein? Mit dem Ausdruck »große Veränderung« meine ich die völlige Umwandlung des Geist-Herzes oder das Nachlassen jeglicher egozentrischen Tätigkeit.

Bei den Vorträgen Krishnamurtis traf ich mehrere Personen mit der irrtümlichen Idee, nachdem sie Krishnamurti zugehört hätten erleuchtet worden zu sein. Ein solcher Mann ging sogar so weit, Krishnamurtis Frisur nachzuahmen und seine Gesten nachzumachen. Wir sprachen ein paar Minuten miteinander. Seine Ansichten zeigten seine geistige Verwirrtheit und Zersplitterung, denn er war ein glühender Nationalist und verteidigte die militärische Rolle Amerikas im Vietnamkrieg. Leider kann sich der Geist allerlei tröstliche Illusionen machen, deren grandioseste die Vorstellung ist, daß »ich erleuchtet bin«, als ob das »Ich«, die eigentliche Wurzel aller Fesseln, je den Zustand der Befreiung finden könnte.

Lachend erwähnte Krishnamurti einmal einen Mann, der ihn besuchte und laut prahlte, er habe seinen Geist von jeder Konditionierung gereinigt, und sei deshalb vollständig befreit. Ein paar Tage später wurde er ein Katholik und nahm alle Lehren und Dogmen jenes Glaubens an! Krishnamurti bemerkte, ein echt Erleuchteter hätte nie das Bedürfnis, seine vermutliche Erleuchtung privat oder öffentlich zur Schau zu stellen. Eine erleuchtete Person ist sich selbst ein Licht, das heißt, er ist von nichts oder niemandem abhängig; er möchte mit seinen geistigen Fähigkeiten nicht angeben. Was ihn betreffe, sagte Krishnamurti, würde er bei einem Menschen jederzeit diesen Zustand der Befreiung bemerken.

Ist man als nichterleuchteter Mensch je so schlau und intelligent, die wahre von der vorgetäuschten Erleuchtung zu unterscheiden? Vor Jahren beunruhigte mich das Problem sehr, daß es keine objektive und zuverlässige Methode gab, zu prüfen und zu bestimmen, ob ein Mensch wirklich erleuchtet war oder nicht. Eine solche Frage stieg natürlich deshalb in mir auf, weil man allgemein annahm, daß gewisse Weise wie der Buddha, Ramana Maharshi und Krishnamurti erleuchtet wären.

Die Worte und das Äußere von Weisen können täuschen. Ein sehr kluger Weiser ist vielleicht nicht unbedingt tugendhaft veranlagt; umgekehrt hat ein frommer Weiser vielleicht nicht unbedingt ein hohes Maß von Intelligenz. Ist es außerdem nicht gefährlich, der Behauptung eines spirituellen Meisters zuzustimmen, er habe die Wahrheit erkannt, sogar wenn er an diese Behauptung ernsthaft glaubt, da er sich ja wohl irren könnte?

Nachdem alle äußeren Anhaltspunkte wegen ihrer Unzuverlässigkeit verworfen sind, ist es dann verläßlicher, als letztes auf die eigene Intuition zu vertrauen? Wird eine plötzliche Intuition, die sogenannte Stimme Gottes, einen zur Lösung dieses Problems verhelfen? Laßt uns nicht übersehen, daß sogar die Intuition wie das Denken selbst ein Produkt des Geistes ist. Eine Entscheidung, die auf Intuition gründet, anstatt objektiv und unvoreingenommen zu sein, wird von sämtlichen verborgenen, unbewußten Wesenszügen beeinflußt und von den eigenen Ängsten, Ablehnungen und Vorurteilen beeinträchtigt. Eine auf Intuition beruhende Entscheidung muß der Skepsis zugänglich sein.

Ich horchte Dr. Adikaram aus, ob er Krishnamurti ins Heer der erleuchteten Weisen einschließen würde, dieser seltenen Koryphäen, deren Leben die Annalen der Geschichte zieren. Er dachte eine Weile nach und sprach mit seiner typischen Erhabenheit: »Ich habe lange über diese Frage nachgedacht, dies bereits seit den 30er Jahren, als ich Krishnaji zum ersten Mal zuhörte. Du mußt verstehen, es ist in den heiligen buddhistischen Schriften gegeben, daß ein Arhat nicht träume. Ein Arhat hat keinen residualen Gedanken, der in der Form eines Traumes aufsteigen muß. Deshalb muß man einen Menschen ohne Träume als erleuchtet betrachten. Das ist der entscheidende Test. Mit dieser wertvollen Information in der Hand fragte ich also Krishnamurti, ob er Träume habe. Er antwortete, er träume nie. Habe ich damit deinen Zweifel hinsichtlich der Erleuchtung Krishnajis beseitigt?«

Ist dies die Ursache, daß wir unser Geist-Herz nicht radikal umwandeln können, weil wir die Lehre Krishnamurtis nicht neu sehen können und geistig durch vorgefaßte Meinungen über sie verdorben sind? Es gibt nichts Neues in unserer Art, an die Lehre heranzugehen, das heißt, wir erkennen bloß jene Aspekte der Lehre an, die mit unserem ideologischen Hintergrund übereinstimmen und lehnen Behauptungen Krishnamurtis ab, die uns psychologisch stören. In seinem Buch mit dem Titel *The Quiet Mind* (1971) gab John E. Coleman eines seiner Gespräche mit Krishnamurti wieder. Krishnamurti beschrieb eine Situation, wo jemand sich während des Regens irgendwo unterstellen will und ins Zelt geht, wo Krishnamurti gerade einen Diskurs gibt, und Krishnamurti, von dem er nichts weiß, zum ersten Mal hört. »Vielleicht in einer solchen Situation der Spontaneität«, bemerkte Krishnamurti, »verstünde jener Mann, was ich sage.«

Sein Publikum bestand aus zahlreichen Zuhörern. Gab es jedoch unter ihnen auch nur eine Handvoll, die durch die Botschaft tiefgründig verändert wurden? Als er den Sternenorden am 3. August 1929 im Ommen Camp auflöste, hielt er eine beredte Ansprache. Was nützt es, fragte er, Tausende ohne Verständnis um sich zu haben, die das Neue ablehnen und so verändern, daß es »zu ihrem eigenen sterilen, stagnierenden Selbst paßt«? Er sagte, es genügten »nur fünf Menschen, die zuhören, die leben, deren Gesicht der Ewigkeit zugewandt ist.« Während seiner Lebenszeit hat Krishnamurti vielleicht die radikale Umwandlung von fünf Menschen erwartet. Fand er jedoch wenigstens einen einzigen solchen Menschen? – Frage ich mich.

Immer wenn ich in bedrückter Stimmung war, hatte ich die Gewohnheit, Krishnamurti zu besuchen, falls er in der Stadt war. Doch ihn zu sehen, ein paar ruhige Augenblicke mit ihm zusammen zu verbringen, oder ein kurzes Gespräch mit ihm zu haben, all diese Treffen hatten selten die gewünschte Wirkung, mich aufzumuntern. Wenn ich nämlich niedergeschlagen war, dann sagte er mir Dinge, die mich beunruhigten und dann noch mehr deprimierten. Immer dann, wenn ich Krishnamurtis Gesellschaft suchte, um aus einer Krise zu flüchten, zwang er mich geradezu, direkt das Problem selbst zu betrachten. Er zeigte mir die Nutzlosigkeit allen Flüchtens und die Sinnlosigkeit, mit psychologischen Spielzeugen zu spielen (in die Kategorie der »Spielzeuge« schloß er Gurus, Geistliche, Psychiater, Kirchen, Tempel und Ashrams ein), so daß ich mich wenigstens einen Augenblick lang vollständig auf die Art, wie der Gedankenprozeß funktioniert, konzentrierte. Wie ein geschickter Schmied, der einen verbogenen Nagel gerade hämmert, bewirkten Krishnamurtis Fragen, Bemerkungen und Kritiken, daß der Geist ein scharfes Werkzeug wurde, das sich in sich selbst vertiefen konnte.

Eines Tages war ich so deprimiert, daß ich Krishnamurti besuchte und mit der Behauptung herausplatzte, die sich für seine Lehre interessierenden Leute machten überhaupt keine Fortschritte. In meinen Worten war ein Anflug von Selbstmitleid: »Ich habe mich damit abgefunden, daß die radikale innere Umwandlung, von der du so viel sprichst, bei mir in meinem gegenwärtigen Leben wahrscheinlich nie eintreten wird. Ich weiß nicht, ob es ein Leben nach dem Tode gibt. Vielleicht habe ich in einem zukünftigen Leben mehr Glück. Du hast so viele Jahre lang gepredigt, doch kaum jemand hat einen vollständigen seelischen Wandel erfahren. Natürlich mache ich nicht dich für unser Scheitern verantwortlich. Doch ist es für dich nicht traurig und frustrierend, daß all deine Mühe vergeblich ist, das heißt, daß bis jetzt niemand die Erleuchtung gefunden hat?«

Darauf schaute mich Krishnamurti ernst an und verbesserte eine meiner Behauptungen: »Es stimmt nicht, daß sich niemand radikal verändert hat.«

Krishnamurti beschrieb dann zwei Beispiele psychologischen Wandels: »Ich hatte mich in Nordindien inmitten der herrlichen Berge zurückgezogen. Jeden Tag ging ein Sannyasin am Haus vorbei, in dem ich wohnte. Wir wurden gute Freunde. Ich glaube,

er lebte irgendwo weit oben in den Bergen. Am Morgen ging er jeweils auf einem Fußweg ins Tal hinunter und kehrte später in seine Höhle zurück. Eines Tages fragte ich den Sannyasin, warum er zur Höhle zurückkehre. Er antwortete: ›Um still zu sein.‹
Ich fragte ihn: ›Ist es still, wenn dein Geist schwatzt?‹
Die Frage erschütterte ihn. Er erkannte etwas ganz klar. Alles Schwatzen hörte auf, und er war vollständig umgewandelt.«
Mit einem bezaubernden Lächeln fügte Krishnamurti hinzu: »Und anstatt in die Höhle zu gehen, schritt er wieder ins Tal hinunter, dorthin, wo die Menschen leben.«
Im obenerwähnten Fall ist es zweifelhaft, ob Krishnamurti dafür verantwortlich war, daß der Gedankenstrom des Sannyasins zum Stillstand kam. Geschah es nicht eher, weil der Sannyasin selbst eben eine große Wahrheit erkannte? Viele von uns haben Krishnamurti wiederholt erklären hören, daß das Schwatzen des Geistes das Haupthindernis für die Stille sei. Doch warum hat unser elender Geist dann immer noch diese Sucht zu schwatzen? Bestimmt haben wir unsere psychologische Versklavung nur uns selbst zuzuschreiben.
Krishnamurti ging zur Beschreibung des zweiten Beispiels einer vollständigen psychologischen Befreiung über: »Nachdem ich einen Freund am Bahnhof verabschiedet hatte, trat ich den Heimweg an. Ein Fremder fragte mich: ›Soll ich mit Ihnen gehen?‹
›Das dürfen Sie‹, war meine Antwort.
Dann zündete er sich eine Zigarette an und genoß sie.
›Das Rauchen ist eine dumme Gewohnheit‹, sagte er plötzlich.
›Ja, vielleicht‹, war meine Antwort.
Dann warf der Mann die Zigarette weg und zertrat sie. In diesem Augenblick wurde er nicht nur vom Rauchen befreit sondern von aller Konditionierung. Sein Geist wurde grundsätzlich umgewandelt.«

Warum die Krishnamurti-Bibliographien geschrieben wurden

Als ich bei der Londoner British National Bibliography angestellt war, kam ich eines Tages darauf, daß das Fehlen einer guten Krishnamurti-Bibliographie einer der Gründe war, warum seine Lehre nicht in dem Maße bekannt war, wie sie dies verdiente. Zu jener Zeit wurde die Lehre in der akademischen Welt bloß geringschätzig beurteilt, das heißt, viele Professoren ignorierten die Existenz der Bücher von Krishnamurti gerne; kaum je empfahlen sie das Studium der Werke Krishnamurtis, und Gelehrte wurden selten ermutigt, Dissertationen über verschiedene Aspekte der Lehre zu schreiben. Deshalb wollte ich einen bibliographischen Schlüssel zur enormen und stets zunehmenden Literatur bezüglich Krishnamurti verfassen. Man glaubte, eine umfassende Bibliographie würde in verschiedenen Institutionen nützlich sein, besonders in Bibliotheken und Universitäten; sie würde es vielen Menschen ermöglichen, sich dem Umfang der Schriften Krishnamurtis bewußt zu werden, wenn nicht sogar zum ersten Mal in seine Bücher eingeführt zu werden; sie würde auch seine weniger bekannten Veröffentlichungen ans Tageslicht bringen mit all den darin enthaltenen Perlen seiner Weisheit.

Theodore Besterman, der berühmte Bibliograph und sehr produktive Schriftsteller, welcher *Mrs. Annie Besant: A Modern Prophet* und *A World Bibliography of Bibliographies* geschrieben hat, besuchte früher häufig die Bibliothek des British Museum, wo ich arbeitete. Als ich ihn hinsichtlich der geplanten Bibliographie um Rat fragte, ermunterten mich seine Worte gewaltig: »Das Projekt scheint mir ganz durchführbar. Es wird eine Riesenarbeit sein, doch ebenso etwas, das sich lohnt. Ich wünsche Ihnen viel Glück.«

Kaum hatte ich ein paar Freunden über die geplante Bibliographie geschrieben, da erhielt ich ganze Lawinen von Büchern und Ausschnitten im Zusammenhang mit Krishnamurti. Massenhaft kamen seltene Zeitschriften, Broschüren und Druckschriften von allen Weltenden bei mir an. Die Nachricht von der Bibliographie war offensichtlich weit verbreitet worden, da mir die meisten Stifter der Bücher völlig fremd waren, wie beispielsweise die ältere Theosophin, welche mir ihre vollständige Krishnamurti-Sammlung schenkte, die sie über Jahre mühsam angelegt hatte. Ich war von der Bibliographie besessen. Es kam dazu, daß ich während vier Jahren meine ganze Freizeit und jährlichen Ferien dem Zusammentragen entsprechender Fakten aus verschiedenen Quellen widmete. Ich besuchte die Landesbibliotheken verschiedener Staaten und die Adyar Library and Research Centre auf der Suche nach bibliographischen Informationen.

Meine Arbeit ging zufriedenstellend voran. Natürlich war ich in Hochstimmung, als ich in Paris ankam und in gewissen Büchern der Bibliothèque Nationale gründlich schmökern wollte. Als ich die Straßen entlang bummelte, gab ich einem unerklärlichen Drang nach, in eine kleine Konditorei der Boulevard Saint Germain zu gehen. Es war ein kleiner Laden, der nur Gebäck und Kuchen verkaufte. Dort erkundigte ich mich, ob sie wohl Bücher in Zusammenhang mit Krishnamurti hätten. Die junge Verkäuferin schaute mich erstaunt an. Eher ungeduldig sagte sie: »Sehen Sie von unserem Schaufenster nicht, daß das nicht eine Buchhandlung ist?«

Ich bat sie, meinen Irrtum zu entschuldigen und wollte eben gleich die Konditorei verlassen. »Einen Moment, Monsieur«, rief die ältliche Geschäftsführerin und sauste ins Obergeschoß. Ich wartete etwa zwanzig Minuten. Die Geschäftsführerin kam von ihrem Lagerraum mit einer riesigen staubigen Kiste mit alten Büchern zurück. Sie reichte mir die Kiste und sagte: »Die gehören alle Ihnen. Ich gebe sie gratis. Niemand will sie. Die sind schon seit etwa zwanzig oder mehr Jahren hier.« Ich war überaus erstaunt, als ich bemerkte, daß dieses Geschenk aus seltenen vergriffenen Büchern von Krishnamurti bestand, die aus der Zeit vor dem Zweiten Weltkrieg stammten. Welch seltsames Erlebnis! Bücher von solch unschätzbarem Wert an einem solch unerwarteten Ort zu finden war tatsächlich ein kleineres Wunder. Ich hatte dann den Eindruck, daß mir wahrscheinlich eine unsichtbare

Hand half, und daß diese die Lehre Krishnamurtis zu fördern suchte.
Ich besuchte Krishnamurti sofort, nachdem ich nach England zurückgekehrt war. Begeistert unterrichtete ich ihn, die Bibliographie stehe kurz vor dem Abschluß. Ich glaubte, er würde meinen Eifer teilen, doch ich war sehr verletzt, als er mein ganzes Projekt mißbilligte. Er zuckte die Achseln und rief: »Was für eine Zeitverschwendung!« Er sagte außerdem: »Warum verbrennst du nicht alle Bücher, auch die meinen? Bücher nützen nichts. Du findest es nie in Büchern. Eine Bibliographie zu schreiben! Mein Herr, Selbstbeobachtung ist weit wichtiger.« Zum Glück nahm ich Krishnamurti nicht wörtlich. Wären nach der Zerstörung aller Bücher arme Bibliothekare wie ich nicht plötzlich arbeitslos?
Wir sahen uns während fast zwölf Monaten nicht. Dann nach einem der Vorträge Krishnamurtis grüßte ich ihn. Krishnamurti hielt meine Hand und sagte: »Und wie geht es dir denn so? Wann wird die Bibliographie herausgebracht? Laß sie bald veröffentlichen. Ich bin sicher, es wird ein sehr nützliches Buch sein.« Ich entschloß mich, seiner Anweisung unverzüglich zu folgen. Ich beschloß auch, Krishnamurti bis nach der eigentlichen Herausgabe des Buches nicht zu treffen, aus Furcht, er könne in der Zwischenzeit seine Meinung über dessen Nützlichkeit wieder ändern. In jener Nacht schrieb ich das folgende in mein Notizbuch:
Wie ein konditionierter Geist in einer bestimmten Situation reagiert, kann man voraussehen. Seine Reaktionen werden durch die verschiedenen Einflüsse bestimmt, die seinen Charakter geformt haben. Doch die Reaktionen eines befreiten Geistes kann man nicht voraussehen, weil er eines tieferen psychologischen Hintergrunds bar ist. Der Geist Krishnamurtis ist so unberechenbar wie das englische Wetter!
1974 wurde A Bibliography of the Life and Teachings of Jiddu Kris*hnamurti* von E.J. Brill in Leiden herausgegeben. Darin waren 1559 Titel aufgeführt. Das Werk wurde in verschiedenen Ländern wohlwollend aufgenommen, und alle Rezensionen sprachen mit Anerkennung davon. Eine typische Besprechung solcher

Art erschien im *Codex Shambhala* (vol. 4 no. 2). Hier folgt ein kurzer Auszug davon:

Diese ausgezeichnete Bibliographie umfaßt sowohl Werke von Krishnamurti selbst wie solche über ihn. Sie wird ein sehr hilfreiches Werkzeug für jene sein, die seine Werke in chronologischer Folge lesen wollen und dadurch ein Gefühl und Verständnis für Krishnamurtis eigene Entwicklung gewinnen möchten. Der erste Teil ist Krishnamurtis eigenen Schriften gewidmet und ist in Prosawerke, Diskurse und Diskussionen, Gedichte, Erziehung und Zeitschriftenartikel eingeteilt. Der zweite Teil enthält eine Aufführung von Werken über Krishnamurti, sein Leben und seine Philosophie.
Ich schickte Krishnamurti sofort ein Exemplar des elegant gedruckten Buches ab, und er bestätigte den Empfang des Geschenks:

Ashford, Australien, 28. April, 1975

Lieber Krishnaji,

da ich jetzt im fernen Australien lebe, bedaure ich sehr, daß ich nicht in der Lage bin, Dir dieses Buch persönlich zu übergeben. Nach mehreren Jahren harter Arbeit und sorgfältiger Forschung ist es wirklich eine große Erleichterung und Freude, die Herausgabe von *A Bibliography of the Life and Teachings of Jiddu Krishnamurti* zu erleben.
Leider gibt es Millionen in der Welt, die noch nie von Krishnamurti gehört haben. Ich hoffe, mit diesem Buch zu einer weiteren Verbreitung der Lehre beizutragen. Die Bibliographie wird weltweit in Bibliotheken verschiedener Kategorien nützlich sein.
Krishnaji, Du bist der Welt ein Licht.
Ich wünsche Dir gute Gesundheit und ein sehr langes Leben.

Herzlichste Grüße,
Susunaga Weeraperuma

Brockwood Park, Hampshire, 17. Mai, 1975

Mein lieber Weeraperuma,

Vielen herzlichen Dank dafür, daß Du mir Dein Buch geschickt hast. Du mußt Dir sicher unendlich viel Mühe gemacht haben, alle Informationen zu sammeln. Bestimmt mußt Du dafür Jahre gebraucht haben.

Es tut mir leid, daß Du so weit weg bist, und ich hoffe, es wird irgendeine Gelegenheit geben, daß wir uns wiedersehen können.

Mit den besten Wünschen, in Liebe,
Dein Krishnamurti

Es wurde notwendig, den zweiten Band der Bibliographie mit dem Titel *Supplement to A Bibliography of the Life and Teachings of Jiddu Krishnamurti* (Bombay: Chetana, 1982) herauszugeben. Ein Auszug des Vorworts erklärt, warum dieses Buch herausgegeben wurde:

»Die veröffentlichte Literatur über Krishnamurti wächst sprunghaft an. Das ist ein Anzeichen dafür, daß sich immer mehr Menschen in der Welt ernsthaft für die Lehre interessieren. Nach ihrem langen Schlummer der Gleichgültigkeit gegenüber Krishnamurti wird sich jetzt sogar die akademische Welt der Universitäten und anderen Institutionen höherer Gelehrsamkeit endlich seiner Wichtigkeit bewußt. Dies beweist die bedeutende Zahl der in jüngster Zeit erfolgreich abgeschlossenen Dissertationen über verschiedene Aspekte der Lehre. Eine faire Vermutung ist, daß diese gesteigerte Produktion von Büchern und Zeitschriftenartikeln (zusammen mit nicht-schriftlichem Material wie Filme, Kassetten, Videokassetten und ähnlichem) noch sehr lange weitergehen wird. Daher ergibt sich die Notwendigkeit, regelmäßig, vielleicht alle paar Jahre, A Bibliography of the Life and Teachings of Jiddu Krishnamurti (Leiden: E.J. Brill, 1974), die versuchte, die Zeit bis 1972 zu behandeln, auf

den neuesten Stand zu bringen. Dieser erste Ergänzungsband zur ursprünglichen Ausgabe ist nicht bloß eine Aufzeichnung der Veröffentlichungen, von denen man weiß, daß sie in den neun Jahren (1972-1981) erschienen sind. Sie enthält auch gewisse Titel, die im früher herausgegebenen Hauptwerk aufgeführt hätten werden sollen.«
Sudhakar S. Dikshit von Chetana muß ich meine besondere Anerkennung dafür ausdrücken, daß er dieses geschmackvoll gedruckte Supplement herausgegeben hat.

Der Dienst von Sudhakar S. Dikshit an der Lehre Krishnamurtis

In den vier Jahrzehnten, von den 50er Jahren genau bis zum heutigen Tag, hat das Haus Chetana allen Freunden der Wahrheit einen Dienst von unschätzbarem Wert erwiesen, indem es verschiedene spirituelle, religiöse und philosophische Werke, besonders die Bücher im Zusammenhang mit der Lehre Krishnamurtis, herausbrachte. Es macht der spirituellen Lebensauffassung Dikshits Ehre, daß er mehrere wichtige Bücher mit Krishnamurtis eigenen Worten veröffentlicht hat, nämlich die Reihe mit 19 Bänden mit den Titel *Early Writings, Early Talks* und *Later Talks*, welche aus vergriffenem wertvollem Material besteht und in der von Dikshit herausgegebenen Monatsschrift *Chetana* abgedruckt ist. Er gab auch eine Anthologie mit Zitaten von Krishnamurti heraus mit dem Titel *Sayings of J. Krishnamurti* (zu diesem Werk siehe S. 102-104).
Unter Dikshit als inspirierendem Herausgeber wurden weitere Bücher in der Reihe »Krishnamurti Library« herausgegeben. Dies sind evaluierende Untersuchungen der Lehre Krishnamurtis von verschiedenen Autoren wie René Fouéré, Carlo Suarès, André Niel, A.D. Dhopeshwarkar, A.J.G. Methorst-Kuiper, Russell Balfour-Clarke und Susunaga Weeraperuma.
Studierende der Lehre Krishnamurtis werden Dikshit besonders dankbar sein und sich seiner immer als einer der bemerkenswer-

ten bahnbrechenden Herolde der Botschaft Krishnamurtis weltweit erinnern.
Als Krishnamurti und ich die große Schönheit eines schneebedeckten Berges in der Schweiz bewunderten, besprach Krishnamurti mit mir zum letzten Mal die Bibliographien. Er sagte mir, wie froh er sei, daß Chetana einen zweiten Band herausgegeben hatte. »Bitte, halte diese Arbeit jeweils auf dem neuesten Stand«, bat er. Ich bemerkte, die akademische Welt könne die Lehre nicht mehr übersehen, da, von ihren anderen Vorteilen abgesehen, »die Bibliographien bewiesen haben, daß es jetzt eine eigene Krishnamurti-Literatur gibt.« Krishnamurti nickte zustimmend und sagte: »Erst jetzt bin ich mir des vollen Wertes der Bibliographien bewußt.«

Sayings of J. Krishnamurti

Sudhakar S. Dikshit war es, der mich beauftragte, eine Anthologie von Zitaten Krishnamurtis zusammenzustellen. Ich nahm diesen Vorschlag offenherzig an.
Was Krishnamurti zur Entstehung dieses Buches beitrug, erkläre ich am besten mit einem Auszug aus dem Vorwort:
»Im Mai 1985 lud mich Sri J. Krishnamurti sehr freundlich zum Mittagessen ein in Arya Vihar, seinem Heim in Ojai, Kalifornien. Das war ein unvergeßliches Ereignis, denn dies geschah nur ein paar Tage nach seinem 90. Geburtstag. Nach einer herrlichen vegetarischen Mahlzeit unterrichtete ich Krishnaji, ich hätte vor, eine Anthologie mit Zitaten seiner Schriften für eine Veröffentlichung zusammenzustellen. Er erkundigte sich, ob dieses Buch wie *The Perennial Philosophy* seines Freundes Aldous Huxley sein würde. Ich antwortete, in gewisser Hinsicht würde es der Zusammenstellung Huxleys gleichen, doch würde ich kürzere Passagen und prägnante Sätze aussuchen. Dann kamen wir auf das Problem eines passenden Buchtitels zu sprechen. Ich schlug den Titel ›Die Weisheit Krishnamurtis‹ vor. Krishnaji sagte: ›Das ist zu großartig! Warum nennst du es nicht *Sayings of Krishnamurti*

(Worte von Krishnamurti)?‹ Daß er den einfachen Titel dem großartigen vorzog, ist so typisch für sein bescheidenes, zurückhaltendes Wesen ... Wie viele duftende Blumen in einem prächtigen Kranz sind diese ausgewählten Stücke seinen Äußerungen über eine Vielfalt spiritueller und philosophischer Themen entnommen. Ich habe in diesem Band sorgfältig versucht, die Quintessenz der Botschaft eines der größten Lehrer aller Zeiten vorzustellen.«

Krishnamurti bat mich ausdrücklich, ich solle den Vorschlag Dikshits, eine Anthologie vorzubereiten, durchführen. Doch die Krishnamurti Foundation Trust weigerte sich, ihre Veröffentlichung zu genehmigen, ungeachtet der Schlußfolgerung, sie mißachte die klar geäußerten Wünsche Krishnamurtis. Zum Glück kam uns D. Rajagopal zu Hilfe, denn zu jener Zeit hatte seine K & R Foundation das Urheberrecht auf alle dem Zeitraum vor 1968 angehörenden Bücher Krishnamurtis. In der Achtung vor den Anweisungen Krishnamurtis, erteilte Rajagopal gerne die notwendige Erlaubnis.

Ich muß wiederholt erwähnen, daß Krishnamurti selbst den Titel dieses Buches einige Monate vor seinem Hinscheiden vorgeschlagen hatte. Ihm ist diese Anthologie mit Liebe gewidmet.

Dieses Werk ist das erste seiner Art, das man je über die Lehre Krishnamurtis herausgegeben hat. Es ist eine Sammlung von 514 seiner Aussprüche vor 1968. Dieses unschätzbare Nachschlagewerk, das wie ein Wörterbuch alphabetisch unter 118 verschiedenen Überschriften geordnet ist, hilft einem, rasch herauszufinden, was Krishnamurti über wichtige Themen wie Achtsamkeit, Konzentration, Angst, Glück, Liebe, Meditation usw. gesagt hat. Nach jedem Zitat ist die Quelle desselben angegeben. Dies hilft dem interessierten Leser nicht nur, die Echtheit eines Zitats zu überprüfen, sondern auch seinen Zusammenhang herauszufinden.

Nachdem die Anthologie in den Buchhandlungen erhältlich war, überfluteten mich Briefe von Lesern, die sie sehr schätzten. Auch die guten Rezensionen zeugten von ihrer Nützlichkeit und Be-

liebtheit (vgl. *The Vedanta Kesari* vol. 74 March 1987 p. 144; *The Times of India* December 14, 1986).
Eigenartigerweise lobte sogar die Foundation das Buch (*Krishnamurti Foundation Bulletin* 52 Spring & Summer 1987 p. 13).
Als Dikshit die Genehmigung einzuholen suchte, einen Begleitband mit Zitaten, eine zweite Anthologie, für den Zeitraum nach 1968 herauszugeben, wies ihn die Foundation einmal mehr mit der Begründung zurück, »weil Krishnamurti sie nicht als wünschenswert betrachtete.«
Die Behauptung, daß Krishnamurti keine Anthologien wünschte, ist falsch. Wie bereits vorhin erklärt, wünschte Krishnamurti die Veröffentlichung der Anthologie *Sayings of J. Krishnamurti* eindeutig. Außerdem stimmte Krishnamurti in den frühen 50er Jahren einer Anthologie seiner Schriften mit dem Titel *The First and Last Freedom* völlig zu. Krishnamurti mochte dieses Buch ganz besonders, und sein Freund Aldous Huxley schrieb das Vorwort dazu. Krishnamurti billigte auch die Herausgabe einer weiteren guten Anthologie mit dem Titel *Meditations* (1979), die aus 62 kurzen aus früheren Werken zusammengetragenen Passagen und Aphorismen über das außerordentlich wichtige Thema der Meditation und Achtsamkeit besteht.

Kommentare zur Lehre

Oft glaubte man irrtümlicherweise, Krishnamurti lehne Bücher von Autoren ab, die seine Lehre erörterten. Deshalb beschloß ich, Krishnamurti persönlich zu treffen, um nach seiner Meinung zu fragen. Mit typischer Eindeutigkeit beantwortete er meine Frage:
»Jeder Mensch, der von der Lehre bewegt worden ist, möchte sie seinen Fähigkeiten entsprechend verbreiten. Einige werden Lehrer oder Prediger. Andere möchten vielleicht ihrem Verständnis der Lehre mit dem Schreiben von Büchern über diese Ausdruck geben.«
»Mein Problem besteht darin«, erklärte ich, »daß ich als gewis-

senhafter Schriftsteller besonders darauf acht gebe, deine Lehre nicht falsch auszulegen. Wie kann ich aber sicher sein, daß ich sie nicht versehentlich verzerre?«
Krishnamurti sagte: »Das ist ganz einfach. Du mußt im Lichte deines eigenen Verständnisses schreiben. Lese nichts in die Lehre hinein, das nicht beabsichtigt ist. Das heißt, du mußt so genau auf dich achtgeben, daß du nicht mehr von den verschiedenen Ideen, Glaubenslehren und Erfahrungen beeinflußt bist, die deine Einstellung zum Leben konditioniert haben. Kannst du beim Schreiben nicht angeben, daß du die Lehre bloß untersuchst? Du und dein Leser gehen zusammen auf eine Entdeckungsreise. Keiner von euch beiden ist sicher, was Krishnamurti mit einer bestimmten Behauptung genau meinte. Deshalb kannst du nie sagen ›Genau das hat Krishnamurti gemeint‹. Was du bloß sagen kannst, ist ›*Wahrscheinlich* hat Krishnamurti das gemeint‹. Es wäre gut, Wörter wie ›vielleicht‹ und ›wahrscheinlich‹ zu gebrauchen, da sie eine Spur von Zweifel in den Leser hineinbringen. Wenn du das tust, dann gehst du nicht das Risiko ein, zum Fehlinterpreten zu werden.«
Ich hörte auf Krishnamurtis Rat und in meinen drei folgenden evaluierenden Studien über die Lehre Krishnamurtis ergriff ich Maßnahmen, um Fehlauslegungen zu vermeiden:
Living and Dying from Moment to Moment: Eine Untersuchung der Lehre J. Krishnamurtis. Bombay, Chetana, 1978 S. I:
»Zu Beginn ist es nötig, gewisse Punkte klarzustellen. Ich stehe hier nicht als Sprecher Krishnamurtis: er hat keinen Sprecher. Seit über 50 Jahren ist er um die Welt gereist, hat Vorträge gehalten und mit unterschiedlichen Zuhörerschaften die grundsätzlichen religiösen und philosophischen Fragen besprochen. Seine Erläuterungen sind sehr klar, präzise, einfach und ohne Jargon. Daher braucht er keine Sprecher, Vermittler und Ausleger. Jeder ernsthaft Interessierte tut am besten, seine Vorträge zu besuchen oder seine zahlreich vorhandenen Bücher zu lesen. Deshalb bitte ich Sie nur, mit mir das Vergnügen einer Erforschung seiner Lehre zu teilen.«

That Pathless Land: Essays über die Schönheit und Einmaligkeit der Lehre J. Krishnamurtis. Bombay, Chetana, 1983 S. I:
»Diese wunderbare und göttliche Unermeßlichkeit, jene ungeheure Größe jenseits des konditionierten Begriffsvermögens, darauf hat Krishnamurti manchmal mit dem Wort ›Bewegung‹ gedeutet. ›Diese Bewegung‹, so sagte er, ›kann man mit Gedanken beschreiben, doch besteht sie nicht aus Gedanken.‹ Ich muß gestehen, daß ich diese nie erfahren habe. Warum schreibe ich dann über Dinge, die ich nicht verstanden habe? Wenigstens kann ich meine Haltungen dazu beobachten. Ich kann auch achtsam zuschauen, wie sich der Geist danach sehnt, darüber nachzusinnen und zu theoretisieren.«
Bliss of Reality: Essays über die außergewöhnlichen Lebensweisheiten J. Krishnamurtis. Bombay, Chetana, 1984. S. V:
»Dieses Buch ist das Ergebnis einer sehr sorgfältigen Untersuchung der Lehre: Es ist nicht eine Auslegung der Behauptungen Krishnamurtis über die tiefsten Lebensfragen, sondern bloß eine eingehende *Untersuchung* derselben. Ich habe die Lehre genau und kritisch betrachtet, ohne sie auszulegen, das heißt, ich habe ihnen keine Ideologien oder Lehren aufgezwungen.«

Sein letzter Besuch in Sri Lanka

Das folgende ist eine leicht abgeänderte und erweiterte Fassung eines Kapitels aus meinem Buch *That Pathless Land* (Bombay, Chetana, 1983).
Obschon Krishnamurti nur vierzehn Tage in Colombo verbrachte, wird sein Besuch für mich immer ein unvergeßliches Erlebnis bleiben. Ich hatte Gelegenheit, mit ihm engen Kontakt zu pflegen und erneut zu spüren, daß Krishnamurti einzigartig unter den Menschen ist. Ein namenloses Etwas belebte die ganze Zeit sein Verhalten, was ihn von jedem anderen mir bekannten Menschen unterschied. All seine Worte und Taten gingen von einer gewissen mittelpunktlosen Dimension aus, die bei gewöhnlichen Menschen ganz und gar ohne Parallele ist.

Krishnamurti fragte mich, ob es in Australien Leute gebe, die sich ernsthaft für die Lehre interessieren. Ich antwortete, daß in Australien wie anderswo solche Menschen nur eine wirklich sehr kleine Minderheit darstellen. Er bemerkte später in unserem Gespräch, er beschränke seine Aktivitäten auf einige sehr wenige Orte in der Welt, und es sei ihm nicht möglich, nach Australien zu kommen.

Der fünfte und letzte Besuch Krishnamurtis in Sri Lanka vom November 1980 ist von historischer Bedeutung. Er war ein Staatsgast und lebte in einer staatlichen Villa, dem Ackland House in Colombo. Man erwies ihm alle Ehre, die man gewöhnlich ausländischen Würdenträgern auf Besuch wie Präsidenten, Königen, Königinnen und Premierministern bereithielt. Ich frage mich, ob ein anderes Land ihn je auf diese Art empfangen hatte. Staatsminister besuchten ihn. Der Präsident und der Premierminister hatten Interviews mit ihm. Nach einem Treffen mit Krishnamurti bemerkte der Premierminister R. Premadasa: »Er ist eine wunderbare Seele.« Premadasa mit Tausenden anderen besuchte ebenfalls die Vorträge. Da es in der Halle nicht genügend Platz gab, übertrug man alle Diskurse im überregionalen Radio, wodurch ihn Millionen hören konnten. Auch Freunde in Indien benutzten die Gelegenheit, in der heutigen Welt dieser Stimme geistiger Gesundheit zuzuhören.

Krishnamurti sprach zu den Studenten der Jayawardhanapura University und wurde am Fernsehen von keinem Geringeren als dem Minister für Information von Sri Lanka, Anandatissa de Alwis interviewt.

Die srilankischen Zeitungen waren mit Artikeln in singhalesischer, tamilischer und englischer Sprache über die Lehre gefüllt. Einige Schlagzeilen sind erwähnenswert: »Damit sich die Gesellschaft ändert, muß sich der Mensch ändern«; »Liebe, die einzige Revolution«; »Der Nationalismus und die Religion haben die Menschheit gespalten«; »Krishnamurti – der erkenntnisreiche Philosoph«.

Bhikkus (buddhistische Mönche) in heißen Ländern tragen gewöhnlich Fächer, mit denen sie ihre schwitzenden Körper und Gesichter fächeln. Deshalb wird eine gewisse Art Talipot-Palmfächer mit der buddhistischen Geistlichkeit in Verbindung gebracht. Als ich Krishnamurti einen solchen Fächer anbot, lehnte er ihn ab. Scherzend sagte er: »Ich bin kein buddhistischer Priester!«

Asketen und kahlgeschorene buddhistische Mönche in ihren safranfarbenen Roben mischten sich unter das Volk, um einen flüchtigen Blick von Krishnamurti zu erhaschen. Bei einem speziellen Treffen mit buddhistischen Mönchen in seiner Residenz stellte man Krishnamurti eine interessante Frage: »Denken Sie überhaupt?« Krishnamurti antwortete, er denke nur dann, wenn es nötig ist.

In weltlichen Dingen wie allem Technischen ist das Denken natürlich nötig. Das Denken ist erforderlich, wenn man sich eine Fertigkeit aneignet oder eine Sprache lernt. Ist jedoch das Denken in der Welt der Wahrnehmung nicht ein Hindernis und ein Umstand, der zur Verzerrung der Wahrnehmung führt? Können wir die verschiedenen Menschen unseres Alltags je neu sehen, es sei denn, wir befreien unseren Geist dauernd von seinen innern Bildern? Ein Geist, der mit Bildern beladen ist, kann nur leiden.

Buddhistische Mönche harmonierten mit Krishnamurti. Er lud sie ein, sich neben ihn auf das Podium zu setzen. Als sie etwas Widerwillen zeigten, neben ihm zu sein, sagte Krishnamurti lachend: »Haben Sie keine Angst. Ich beiße nicht!«

Einer der lebhaften jungen Mönche erklärte, er sei geistig ebenso befreit wie Krishnamurti.

»Doch falls Sie schon befreit sind«, fragte Krishnamurti zweifelnd, »warum legen Sie dann nicht Ihre Roben ab und kleiden sich wie ein Laie?«

Auf diesen Vorschlag hin antwortete der Mönch: »Herr Krishnamurti, falls Sie jedoch wirklich befreit sind, was hindert Sie dann, die gelbe Robe zu tragen und den Kopf zu rasieren?«

Krishnamurti: »Freiheit besteht nicht im Konformismus. Ein befreiter Mensch nimmt sich keinen Lehrer, keine Idee oder Glaubenslehre zum Vorbild.«
Überall wo Krishnamurti hinging, empfing man ihn mit Ehrfurcht und Liebe. Man vermutet, nicht wenige Leute betrachteten Krishnamurti vor dem Hintergrund ihres Buddhabildes und legten die Lehre im Lichte der buddhistischen Doktrin aus.
Was ich unter anderem bei Krishnamurti entdeckte, war seine überaus hohe Meinung vom Buddha. Tatsächlich war der Buddha der einzige religiöse Lehrer, den er achtete. Als ich gewisse philosophische Fragen aufwarf, machte Krishnamurti eine erstaunliche Bemerkung: »Warum stellst du mir diese Fragen? Warum *untersuchst* du nicht *gründlich* eure eigene buddhistische Literatur? Dort findest du die Antworten.«
Bei einer Pressekonferenz stellte man Krishnamurti mehrere eindringliche Fragen, und seine Antworten darauf waren ebenso eindringlich. Glaubte er an die Wiedergeburt?
Krishnamurti: »Was sind Sie? Ein Name, der von einer Kultur und einer Religion konditioniert ist, mit Idealen und einem Paß. Ist es das, was im nächsten Leben wiedergeboren wird? Um wiedergeboren zu werden, muß es in Ihnen etwas Dauerhaftes geben. Doch wenn Sie bloß eine Reihe von Reaktionen sind, was gibt es dann, das wiedergeboren werden könnte?«
Am Abend des 9. Novembers 1980 als er bei einem Treffen in Colombo zu einem besonders guten Publikum sprach, gebrauchte Krishnamurti eine außerordentlich anschauliche Metapher, welche die Selbstbeobachtung passend beschrieb, als Lektüre »dieses Buches, das Sie selbst sind«. Im eigenen Innern ist die ganze Menschheitsgeschichte – seine riesengroßen Erfahrungen, tief verwurzelten Ängste, Sorgen, Kümmernisse, Vergnügen und so weiter. Wir sind das Buch. Es ist eine Kunst, das Buch zu lesen, welches kein Verlag gedruckt hat. Weder kann man dieses Buch verkaufen, noch es in einer Buchhandlung kaufen. Es ist sinnlos, sich an einen Analytiker zu wenden, denn sein Buch ist dem Unseren gleich. Die Kunst, dem Buch zuzuhören, ist wie einer

Wolke oder den sich im Winde wiegenden Palmblättern zuzuschauen. Man kann diese Dinge nicht ändern; man beobachtet sie einfach. Ebenso hört man dem Buch zu, ohne es im geringsten auszulegen zu suchen. Denn man kann dem Buch nicht sagen, was es enthüllen soll. Die Kunst zuzuhören besteht auch darin, nie wählerisch auszusuchen, was man den eigenen Zu- und Abneigungen entsprechend zu beobachten wünscht. Wenn wir nur gewillt wären, ohne den um sich greifenden Einfluß des Denkens zuzuhören, dann würde das Buch alles enthüllen. Man sollte nicht übersehen, daß der Leser des Buches nicht ein vom Buch getrenntes Wesen ist, da ›Das Buch Sie selbst sind‹. Dieser eindringliche Diskurs, der viele Aspekte der Lehre behandelte, wurde später in Form einer Broschüre mit dem Titel *The Book of Life* herausgegeben. Aus Anlaß des Besuches von Krishnamurti in Calcutta vom November 1982 verteilte man dort kostenlos zahlreiche Exemplare.

Die Bedeutsamkeit ununterbrochener Wachsamkeit oder Achtsamkeit betonte Krishnamurti in jeder Diskussion und jedem Diskurs immer wieder. Ohne Selbstbeobachtung war der Mensch zur ewigen Knechtschaft seiner Konditionierung verurteilt. Die Dringlichkeit, tiefgründig in die verborgenen Winkel der Psyche einzudringen, war das Thema all seiner Vorträge: In gewisser Hinsicht war dies der rote Faden, der all seine Äußerungen über verschiedene Themen verwebte. Höre sehr aufmerksam all deinen Gedanken zu. Beobachte dich. Sieh dich genauso, wie du bist, ohne jede Verzerrung.

Die Zuneigung zu der Lehre Krishnamurtis in Sri Lanka war so groß, daß man ihn dorthin für den November 1983 zu noch mehr Vorträgen einlud. Doch war es höchst unglücklich, daß in Sri Lanka ein paar Monate vor der geplanten Ankunft Krishnamurtis in Colombo Rassengewalttätigkeiten ausbrachen. In einem langen Brief vom 23. August 1983 an Krishnamurti erklärte ich ihm das Wesen der Massenunruhen. Hier folgen ein paar Ausschnitte aus diesem Brief:

»Mein lieber Krishnaji,

Ich glaube, es wäre sehr gefährlich, wenn Du Sri Lanka im kommenden November besuchen würdest. Vielleicht haben andere Freunde diese Tatsache bereits erwähnt. Ich schreibe diesen Brief, weil ich um Deine Sicherheit besorgt bin, solltest Du die Vorträge in Colombo in ein paar Monaten durchführen ... Ich habe ausführlich geschrieben, um darauf hinzuweisen, daß Du beim Beschluß, nach Colombo zu reisen, das Risiko körperlicher Aggressionen eingehen könntest. Wenn ich warnen darf, wäre es für Dich überaus gefährlich, Sri Lanka gerade jetzt zu besuchen. Deshalb schlage ich vor, man möge die Vorträge entweder absagen oder verschieben. Ich hoffe, Du bist in bester Gesundheit.

In Liebe,
Dein S. Weeraperuma

Krishnamurti sandte mir eine Botschaft, die einer seiner Kollegen, der sich um seine Briefe kümmerte, geschrieben hatte:

6. September, 1983

» Krishnaji hat Ihren Brief erhalten, und er schätzt es sehr, daß Sie sich die Mühe gemacht haben, über seinen beabsichtigten Besuch in Sri Lanka zu schreiben. Sie werden froh sein, zu erfahren, daß er seine Reise dorthin bereits schriftlich abgesagt hat. Freunde aus Indien hatten ihm energisch davon abgeraten, und Ihr Brief hat unseren Eindruck bestätigt. Er sendet Ihnen seine Grüße und allerbesten Wünsche ...«

Krishnamurtis Beschluß, sich vom Schauplatz blutiger Auseinandersetzung fernzuhalten, war eine große Erleichterung.

Das Hinscheiden Krishnamurtis

Die Gesundheit Krishnamurtis verschlechterte sich deutlich in den letzten zehn Jahren seines Lebens. Krishnamurtis zarte und zerbrechliche Konstitution wurde schwächer, zugleich betonten die Altersfalten und Silberhaare seine ehrwürdige Erscheinung. Seine Statur schien kleiner zu werden. Auch nahm er ab, so daß er oft aussah, als ob er nur noch aus Haut und Knochen bestehe. Manchmal glich Krishnamurti einem stark abgemagerten Yogi, der seit langer Zeit am Ufer des Ganges Askese übte. Seine dünnen langen Hände zitterten oft heftig, und die Ringe unter seinen Augen verrieten Müdigkeit. Er fühlte sich erschöpft, nachdem er öffentlich gesprochen hatte oder lange spazierengegangen war. Er brauchte längere Ruhepausen als je zuvor. Immer wenn ich ihn nach seiner Gesundheit fragte, sagte Krishnamurti gewöhnlich: »Es geht mir gut, nehme ich an.« Doch ging es seiner Gesundheit wirklich gut?

Es war klar, daß Krishnamurti die Anstrengung und Belastung ermüdender Programme jahrein, jahraus nicht länger ertragen konnte. Bald nach Krishnamurtis 85. Geburtstag schrieb ich einem seiner Ärzte und etlichen Vorstandsmitgliedern der Krishnamurti Foundation mehrere Briefe. Ich bat sie, auf eine bestimmte Art vorzugehen: Wäre es für Krishnamurtis Gesundheit nicht besser, behauptete ich, wenn man ihn überzeugen würde, nur an einem Ort, am besten in seinem Heim in Ojai, zu bleiben, anstatt lange ermüdende interkontinentale Flüge überstehen zu müssen, um Vorträge zu halten? Könnte man dann nicht jeweils die Videokassetten seiner Diskurse von Ojai in der ganzen Welt verleihen? Die Empfänger meiner Briefe stellten sich meinem Vorschlag taub gegenüber.

1980 sprachen Krishnamurti und ich über seine Gesundheit. Ich bemerkte, eine lange Lebensdauer von 120 Jahren sei für diejenigen Yogis, die sich sehr sorgfältig um ihren Körper kümmerten, nicht unmöglich. Ich gab Krishnamurti ein wissenschaftliches Buch über das Thema der Langlebigkeit. Krishnamurti sagte zuversichtlich: »Dieser Körper lebt vielleicht noch 12 Jahre.« Doch warum tat Krishnamurti seinen letzten Atemzug bereits 1986 anstatt 1992? Ich möchte gerne die genauen Gründe kennen, die sein Hinscheiden beschleunigt hätten können. Vielleicht hätte Krishnamurti länger gelebt, hätte er sich öfter ausgeruht, denn sogar während seiner letzten paar Lebensjahre lastete auf ihm immer noch sehr viel Arbeit.

Während meines Aufenthalts in Bombay vom Januar 1986 hörte ich die Bekanntmachung, Krishnamurti habe Krebs und liege im Sterben. Die Nachricht von Amerika, Krishnamurtis Tage seien gezählt, bereitete mir großen Kummer. Eigentlich kam die Nachricht nicht überraschend, denn in den fast 18 Monaten vor seinem Tod hatte ich eine Vorahnung, daß das Ende seines Lebens rasch näher kam. Außerdem hatte S. Dikshit, ein eifriger Astrologiestudent, vorhergesagt, es sei sehr unwahrscheinlich, daß Krishnamurti länger leben würde als bis Februar 1986 (wie richtig sich seine Hervorsage herausstellte!). Dikshit, der Krishnamurtis Horoskop vor vielen Jahren erstellt hatte, riet mir, die Unvermeidlichkeit des Todes gelassen hinzunehmen. Nichts ist von Dauer, und sogar die Sonne wird eines Tages erlöschen. Zum Glück hatte ich die Erlaubnis erhalten, mich während sechs Monaten von meiner Arbeit in Australien fernzuhalten, was mir ermöglichte, Krishnamurtis letzten Vorträgen zuzuhören.

Sheila Ganatra, eine langjährige Freundin, wollte mir einen Rückflugschein nach Amerika schenken. Sie bestand darauf, ich solle während Krishnamurtis tödlicher Krankheit in seiner Nähe bleiben. Sosehr mir der Gedanke auch zusagte, mußte ich das großzügige Angebot zurückweisen. Ich wußte intuitiv, daß Krishnamurti in einer solchen Situation natürlich allein sein wollte. Und ich hatte nicht unrecht, denn mehrere Leute im Arya Vihar von Ojai unterrichteten mich, Krishnamurti habe gewisse Besucher gebeten wegzugehen. Anscheinend wollte Krishnamurti im Sterbebett ungestört sein.

Am 31. Januar 1986 sprach ich zum Speakers' Forum in Bombay.

Das Thema meines Vortrags lautete: »J. Krishnamurtis Lehre zur Explosion und Umwandlung des menschlichen Geistes«.
Ich zitiere die folgenden Auszüge jener Rede:
»Zu diesem Zeitpunkt sind wir mit Trauer erfüllt, da wir unsere Gedanken der fatalen Krankheit Krishnajis zuwenden. Krishnaji hat ein ehrliches und unbescholtenes Leben geführt. Doch warum ist er dann an einem Krebs tödlich erkrankt? Es ist nicht das erste Mal in der Geschichte, daß die Erfahrung von körperlichem Leiden und Tod das Los frommer Leute war. Vergessen wir nicht, daß zwei andere Weisen der heutigen Zeit, Sri Ramakrishna Paramahamsa und Ramana Maharshi ebenfalls Opfer schmerzhaften Krebses waren. Warum ist die Natur so ungerecht, daß einige ihrer größten und edelsten Söhne auf diese Art aus dem Leben scheiden mußten? Bestimmt ist es wichtig, solche Fragen zu stellen, obwohl es uns vielleicht nie gelingen wird, die richtigen Antworten zu finden. Wahrscheinlich gibt es gewisse unverständliche Geheimnisse, die ewig außerhalb der Reichweite unseres begrenzten Geistes sein werden.«
»Laut einer gewissen Lehrmeinung starben Sri Ramakrishna Paramahamsa und Sri Ramana Maharshi deshalb an Krebs, weil sie das Karma einiger ihrer Anhänger auf sich nahmen. Eine solche Theorie beruht notwendigerweise auf zwei fragwürdigen Annahmen: erstens, daß Karma von einer Person auf eine andere übertragbar ist; zweitens, daß die Befreiung indirekt durch einen Mittler möglich ist; mit anderen Worten, daß der Mensch durch die persönlichen Opfer eines Retters erlöst werden kann. Solche Theorien, einschließlich derjenigen des christlichen Glaubens, wonach Jesus die Welt durch seine Kreuzigung erlöst habe, kommen von nichts weiterem als vom Wunschdenken.«
Man beschreibt Krishnamurti oft als indischen Weisen. Nun, er ist Inder, das heißt, er wurde in Indien geboren. Gewisse Aspekte der indischen Kultur liebt und bewundert er sehr, besonders die klassische indische Musik und die indische Kunst sowie die außergewöhnliche Schönheit der Sanskritsprache. Wie sehr er es liebt, Slokas zu singen! Doch in anderer Hinsicht tun wir ihm

unrecht, ihn als indischen Weisen zu bezeichnen. Krishnamurti ist nicht ein Weiser, der gewissermaßen von der uralten Weisheit der Veden und Upanischaden oder einer anderen heiligen Schrift inspiriert worden ist. Man muß verstehen, daß seine Erkenntnis des Absoluten einzig und allein auf der direkten und persönlichen Erfahrung gründet. Er stellt den Wert heiliger Bücher in Frage und verwirft alle spirituellen Autoritäten und weigert sich immer wieder, als Guru betrachtet zu werden. Nun, waren sowohl Sri Ramakrishna Paramahamsa als auch Ramana Maharshi in den hinduistischen Schriften sehr bewandert. Krishnamurti unterscheidet sich von ihnen, da er beim Erläutern seiner Lehre überhaupt kein Bedürfnis hat, aus den heiligen Schriften zu zitieren.«

»Im Heer erleuchteter Lehrer ist Krishnamurti tatsächlich ein Phänomen. Ich muß erklären, warum er unter den religiösen Philosophen einmalig ist. Mahavira bereitete sich in zwölf langen Jahren durch Selbstläuterung vor, indem er Askese und verschiedene Sadhanas übte, bis er den Zustand des Nirvana oder absoluten Wissens erreichte. Was das Leben des Buddha betrifft, so erforschte er in den sechs Jahren vor der großen spirituellen zur Auflösung des Selbst und des Leidens führenden Metamorphose, dem Nirvana, seinen Geist gründlich und meditierte sehr intensiv. In jüngster Zeit verbrachte Ramana Maharshi eine beträchtliche Anzahl Jahre als einsamer Einsiedler in Höhlen und Tempel im Laufe seiner spirituellen Suche, die von einer solch vollkommenen Versunkenheit im Selbst gekennzeichnet war, daß er körperlichen Beschwerden und Schmerzen gegenüber gleichgültig wurde. Es ist wirklich beachtenswert, daß Krishnamurti weder je Sadhanas und Askese üben noch eine der traditionellen vorgeschriebenen Mittel zur spirituellen Befreiung folgen mußte. Die verfügbaren Anhaltspunkte deuten darauf hin, daß Krishnamurti sehr früh in seinem Leben vom unbeschreiblichen Anderen erfüllt wurde. Das genaue Datum, wann ihn das Andere segnete, bleibt unbekannt. Jedoch zweifle ich nicht, daß das Andere, wahrscheinlich latent, schon damals ihm innewohnte, als Bischof C.W. Leadbeater hellseherisch bemerkte, wie der junge Krishnamurti eine von Selbstsucht freie Aura hatte. Die Außergewöhnlichkeit Krishnamurtis besteht in jener frühen Reinheit. Als er älter wurde, entfaltete sich in ihm jenes Andere, das heißt es wurde klarer und vollständiger verstanden. Hier ist ein lauterer Mensch, ein glückliches Wesen, der dem Problem der geistigen Läuterungsarbeit nicht begegnen mußte. Diejenigen unter uns, die Krishnamurti genau beobachteten, waren sich immer seiner völligen Reinheit bewußt. Eines Tages beispielsweise erzählte er mir von der Seuche des Hasses und der Zerrissenheit in der Gesellschaft, die größtenteils von Neid hervorgebracht wird. Plötzlich sagte Krishnamurti: ›Nie in meinem Leben habe ich jemanden beneidet.‹ Noch nie hatte er je Groll gegen jene gehegt, die seine Lehre nicht mochten.«

Am 17. Februar 1986 erhielt ich ein Telegramm aus Übersee, das angab, Krishnamurti sei in Ojai gestorben. Das war der düsterste Tag meines Lebens. Ich fühlte, als wäre der größte Teil meiner selbst mit ihm gestorben und untergegangen; es war, als ob man einem plötzlich das eigene Fundament weggenommen hätte. Eine irrationale Seite in mir sagte immer wieder, Krishnamurti lebe in irgendeinem unbekannten Himmelsreich, und es gehe ihm gut. So widerspenstig ist der Geist, daß er sich weigert, sich mit der Endgültigkeit des Todes abzufinden. Ich beklage noch immer den Tod dieses treuen Freundes. Doch mein persönlicher Verlust ist nichts im Vergleich mit den unzähligen Tausenden in der Welt, die ihn auch vermissen. Der hellste Stern im spirituellen Firmament lebt nicht mehr, und man fragt sich, ob die Welt je wieder jemanden wie ihn sehen wird.

Krishnamurti war es, der mir vorschlug, meine Gedanken und Gefühle immer niederzuschreiben, wenn ich in den Nöten einer emotionalen Krise sei. »Es hilft dir, im Geiste wieder Ordnung herzustellen«, versicherte er mich. Hier folgen ein paar Notizen vom Tag seines Todes:

Es ist möglich, daß das Sterben für befreite Menschen nicht eine schreckliche Qual ist. Vielleicht betrachten sie den Tod als

willkommene Erlösung aus dem »letzten Gefängnis« – dem Körper.
Krishnamurti wollte nicht, daß man seinen Tod als wichtig empfand. Deshalb hatte er gebeten, nicht viel Aufhebens darum zu machen. Laut seiner Anweisung sollte man keine Trauerfeier halten. Seinen Wünschen entsprechend wurden seine sterblichen Überreste noch am Todestag eingeäschert.
Es ist eine Ehre für mich gewesen, daß ich mit Krishnamurti seit meiner Jugendzeit engen Kontakt gehabt hatte. Während meiner unzähligen Begegnungen in einer Zeitspanne dreier Jahrzehnte wurde er es nicht ein einziges Mal müde, mich zu korrigieren. Er hatte unendlich viel Geduld. Manchmal war es nicht leicht, mit Krishnamurti zusammenzusein, denn er wies einen zurecht, wenn man nicht achtsam genug war. Seine anspornende Gegenwart gibt es leider nicht mehr. Doch wenn wir wahrhaftig wachsam gegenüber unseren Gedanken und Gefühlen sind, wirklich bewußt, dann wird diese Wachsamkeit allein zum mitbestimmenden Umstand des Erwachens, zum Licht, zur Flamme, die alle Schlacken der Illusion wegbrennen wird. Wenn man mit dieser Art steter Achtsamkeit lebt, dann ist möglicherweise das Hinscheiden Krishnamurtis nicht so katastrophal, wie es scheint.
Das Hinscheiden unseres geliebten Krishnaji aus unserer Mitte hat uns in tiefe Trauer versetzt. Für diejenigen von uns, die ihn seit vielen Jahren gut kannten, war das ein großer Schlag. Seine körperliche Gegenwart gibt es nicht mehr, doch seine unsterbliche Botschaft wird uns für immer lieb und teuer sein.
Als Krishnamurti starb, gab es einige, die weinten. Wir waren traurig, als er uns verließ, doch war er traurig, uns zu verlassen? Wir hingen an ihm, doch hing er an uns? Hing er an seinem Ruf, seinen Büchern oder an den Foundations, die seinen Namen tragen? Er hing an *keinem* dieser Dinge, und in dieser Hinsicht war er eine Seltenheit, geistig völlig ungebunden und rein.
Bauen wir keine Organisation und keinen Tempel rund um seinen Namen auf, denn unter den Dingen, die er im Laufe der Jahre so energisch verurteilte, war die organisierte Religion, besonders

die organisierte Religion mit finanziellen Interessen. Was tun wir jetzt, da der große Weise nicht länger bei uns ist, um die Flamme seiner Botschaft am Leben zu erhalten?
Ich glaube, jede Person, die ernsthaft an der Botschaft Krishnamurtis interessiert ist, kann nichts besseres tun, als seine vielen Bücher immer wieder zu lesen. Glücklicherweise existieren auch viele Audiokassetten und Videokassetten von seinen Vorträgen und Gesprächen, die es der Nachwelt ermöglichen werden, Krishnamurti so kennenzulernen, als wäre er noch am Leben.
Krishnamurti beschrieb einmal die Skepsis als wertvolle Salbe: sie brennt, doch sie heilt auch. Krishnamurti wollte, daß wir alles in Frage stellen, auch seine eigenen Behauptungen. Falls wir alles in Frage stellen und jede psychologische Schranke zerstören, dann geschieht vielleicht das Wunder der inneren Verwandlung.

Gespräche zwischen Krishnamurti und dem Autor

Sinn für geistliche Musik

(Krishnamurti – gerade Schrift, Weeraperuma – kursiv)

Krishnaji, das Konzert letzten Abend hat mir sehr gefallen. Ich bin nach Indien gekommen, um solch wohlklingender Musik zuzuhören. Es war eine reine Freude.

Ja, es war eine wunderbare Veranstaltung.

Mich verblüfft, daß du im Singen der Bhajans teilgenommen hast. Ich habe dich ganz genau beobachtet. Du warst in der vordersten Reihe und sangst vedische Hymnen! Ich bin nicht gegen vedische Hymnen, denn ich selbst mag sie sehr. Doch bitte, darf ich dich fragen, warum du oft deine entschiedene Mißbilligung gegenüber jeder Art von Kult zum Ausdruck gebracht hast? Du verurteilst den Kult, doch gestern hast du dich anderen im Kult angeschlossen!

Man kann einem bezaubernden Bhajan zuhören und dennoch nicht von seinen Ideen beeinflußt werden. Es ist möglich, einem Sloka oder Bhajan zuzuhören und die magischen Wirkungen der Töne auf den Geist zu empfinden, und gleichzeitig all die Mythen, Legenden, Glaubenslehren und Vorstellungen, die sosehr zur klassischen indischen Tradition gehören, zu ignorieren. Hast du versucht, ein Meera Bhajan zu genießen, ohne an Krishna oder an eine andere Gottheit zu glauben?

Ich denke, man erfaßt die Bedeutung eines Bhajans eher, wenn man sich bewußt ist, daß es an eine bestimmte Gottheit gerichtet ist. Ein Bhajan ist Ausdruck der Hingabe, ein Ergießen des Herzens.

Oh, nein! Ich würde das nicht Hingabe nennen. Echte Hingabe ist unmotiviert. Sie ist ein Zustand, in dem man um nichts bittet. Doch wenn du vor einem Altar stehst, Puja darbringst und dafür dann die Gottheit um einen Gefallen bittest, ist das psychologische Bestechung, nicht wahr? Du versuchst, mit der Gottheit zu verhandeln. Du sagst der Gottheit: »Ich bringe dir dies dar, und du mußt mir dafür jenes geben.« Wirkliche Hingabe jedoch ist ein Zustand, in welchem der Geist auf keinen bestimmten Gegenstand, Menschen, Glauben, auf keine bestimmte Gottheit oder Idee gerichtet ist.

Sagst du damit, ein Mensch mit echter Hingabe habe einen objektlosen Geisteszustand?

Genau. Wie ich sagte, ist die richtige Art, einer Hymne oder einem religiösen Gesang zuzuhören, nur den Klang zu empfinden – seine Schwingungen melancholischen Flehens und freudiger Ekstase – und einfach dabei zu bleiben, ohne eine geistige Konditionierung der bestimmten religiösen Ideen und Lehren, die fast immer Hand in Hand mit der Musik gehen, zuzulassen. Dann wirst du feststellen, daß alle Arten geistlicher Musik im Grunde genommen gleich sind.

Soll ich für dich ein Konzert für westliche klassische Musik organisieren?

Bemühe dich nicht. Ich werde oft Gelegenheit haben, westliche klassische Musik zu hören, wenn ich nach Europa gehe.

Ich mag Bach, Beethoven und Händel sehr.

Ich habe diese Komponisten auch gern. Doch, kannst du dem folgen, was ich sage? Falls du der Musik genau zuhörst, stellst du nämlich fest, daß alle Arten geistliche Musik, ungeachtet von wo in der Welt sie herkommen, gewisse gemeinsame Elemente haben. Was sind diese Elemente? Hast du nicht bemerkt, daß jede geistliche Musik eine Art Verlangen, Weinen, Bitten ist?

Dies macht die Musik sehr rührend. Ich verstehe, was du sagst.

Ich frage mich, ob du je einem weinenden Kind zugehört hast. Ja?

Der Lärm schreiender und weinender Kinder geht mir auf die Nerven! Ich möchte am liebsten weglaufen!

Falls du einem weinenden Kind wirklich zugehört hast, mit deinem ganzen Geist und Herzen, wie ich es getan habe, nicht nur teilweise sondern vollständig mit ungeteilter Aufmerksamkeit, dann möchtest du auch am liebsten weinen. Du möchtest die Hand des Kindes halten und dich seinem Weinen anschließen. Nur wenn du ein reines Herz hast, kannst du das tun. Ich beschreibe den Zustand echter Hingabe – nicht der unsinnige Zustand geistiger Torheit, der einem von Händen oder vom Geist geschaffenen Bild Blumen und Weihrauch darbringt.

Würdest du das reines Bhakti nennen?

Der Name spielt keine Rolle. Du kannst ihm irgend einen Namen deiner Wahl geben, aber hast du in dir jene Qualität des Fühlens?

Ich gehe oft in Konzerte, doch die Schwierigkeit liegt darin, daß mein Geist nach den ersten paar Liedtakten davon abzuschweifen beginnt.

Dann schweife mit deinem Geist und finde heraus, warum du deine Aufmerksamkeit von einem Ding aufs andere verlegst.

Was du vorschlägst, klingt ausgezeichnet, doch habe ich es versucht, in die Praxis umzusetzen und bin oft erfolglos gewesen.

Versuche es weiter und gib nie auf.

Irgendwo in deinen Schriften hast du erklärt, die Musik finde man nicht in den Noten sondern im Intervall zwischen den Noten. Ich habe die volle Bedeutung deiner Behauptung nicht erfaßt.

Noten an sich sind ziemlich sinnlos, nicht wahr? Ebenso wenn du ein Buch liest, haben die Worte an sich überhaupt keine Bedeutung. Noten und Worte sind sinnlose Töne. Erst im Intervall zwischen den Worten, in der Stille zwischen den Worten, kannst du die Bedeutung davon verstehen, was der Schriftsteller auszusagen sucht. Verliere dich deshalb nicht in der technischen Seite der Musik. Um ein Musikstück zu schätzen, ist es nicht unbedingt notwendig, die Noten lesen zu können. Das Verständnis dafür kommt erst, wenn der Geist still ist. Und betrachte die Musik nicht als eine zur Stille führende Flucht oder Droge. Diese Stille kommt ganz natürlich, ohne Anstrengung, dann, wenn du verstehst. Die Musik kommt aus dieser Stille. Die Stille ist der Ursprung aller Schöpfung. Diese ursprüngliche Stille hat keinen Anfang und kein Ende. Diese Stille, das Ewige, geht über den Intellekt.

Bleib dein Leben lang anonym

Krishnaji, ich habe gerade eine interessante Neuigkeit in der heutigen Abendzeitung gelesen. Ein gewisser Stadtrat von Colombo will bei der nächsten Sitzung des Rates einen Antrag dich betreffend einbringen. Sein Antrag erklärt, der Stadtrat von Colombo soll dir einen Bürgerempfang bereiten.

Was genau geschieht an einem Bürgerempfang?
Bürgerempfänge werden vom Oberhaupt der Stadtverwaltung und prominenten Bürgern nur Individuen hohen Ranges bereitet.
Mein Gott! Ich bin ein armer Herr Niemand, dessen Individualität ausgelöscht worden ist! (lautes Gelächter)
Beim Empfang begrüßt dich dann wahrscheinlich der Premierminister, und man wird dir zu Ehren Reden halten. Man wird dir eine Schriftenrolle schenken mit den Unterschriften von hoch angesehenen Personen Sri Lankas.
Was wird auf der Schriftenrolle stehen?
Bestimmt werden sie darin deine verschiedenen Verdienste und deine Spiritualität erwähnen.
Ich will von niemandem ein Zeugnis!
Krishnaji, ich glaube, es wäre sehr schade, wenn du eine solche Einladung ablehnen würdest. Was für eine Gelegenheit, eine gute Rede zu halten! Vielleicht wird wenigstens bei ein paar Politikern, die zuhören, ein dauerhaftes Interesse an deiner Lehre wach. Warum solltest du ihnen den Nutzen deiner Botschaft vorenthalten?
Falls sich diese Politiker ernsthaft dafür interessieren, was ich zu sagen habe, was hindert sie dann daran, meine Vorträge zu besuchen? Du bist so naiv, daß du das Verhalten von Politikern nicht durchschauen kannst. Siehst du nicht, daß sie alle politisch motiviert sind? Ich weigere mich, von Politikern gebraucht zu werden. Ich gehe ihnen aus dem Weg.
Du sagst, du gehst Politikern aus dem Weg, dennoch pflegst du mit Frau Indira Gandhi Kontakt!
Das ist etwas anderes! Indira ist eine alte Freundin von mir. Ihr Vater, Pandit Nehru, besuchte früher immer Amma (Dr. Annie Besant) und mich in Benares.
Bitte überdenke meinen Vorschlag noch einmal.
Es tut mir leid. Bitte telephoniere diesem Stadtrat und bitte ihn, seinen Antrag vom Programm zurückzuziehen. Würdest du ihm bitte sofort telephonieren?
Ja. Doch falls sie darauf bestehen, dir zu Ehren eine Feier zu veranstalten, dann glaube ich nicht, daß du sie davon abhalten kannst.

Laß sie tun, was sie wollen, ich jedoch werde nicht dabei sein!

Ich telephoniere bald.

Egal was im Leben du gerade tust, oder wo du gerade lebst, vermeide stets jede Publicity. Sehne dich nicht danach, im Licht der Öffentlichkeit zu stehen. Neulich sagte ich ein paar Leuten, der Wunsch, das eigene Photo in den Zeitungen gedruckt zu sehen, sei die größte Vulgarität. Vermeide die vulgären Menschenmassen und führe ein tugendhaftes Leben, von dem deine Freunde, Verwandten und Kollegen nichts wissen. Bleib dein Leben lang anonym wie ein mächtiger tief im Walde verborgener Baum.

Warum bist du gegen die Politiker? Gewiß wünschen es einige unter ihnen ernsthaft, der Gesellschaft zu helfen.

Ein von Ehrgeiz und Machtgier getriebener Mensch kann einfach nicht gut sein. Politiker sind an so viel Unfrieden in der Welt schuld. In Indien machen die Leute viel Aufhebens um ihre führenden Politiker. Tausende stehen stundenlang in der brennenden Sonne, nur um einen wichtigen Politiker zu sehen, als ob er irgend ein seltsames Tier wäre! Warum legst du ihnen soviel Wichtigkeit bei, wenn du doch weißt, daß sie bloß deshalb nach politischer Führerschaft streben, weil sie ihr Schäfchen ins trockene bringen wollen? Politiker stinken nach Korrumpierung. Deshalb muß sich ein guter Mensch von Politikern und all ihren Aktivitäten fernhalten. Falls du den Armen helfen und die sozialen Umstände verbessern möchtest, ist der erste Schritt, selber ein guter Mensch zu sein. Genau diese Güte wird eine vorteilhafte Auswirkung auf die Gesellschaft haben.

Frieden in einem von Konflikten zerrissenen Land

Ich frage mich, warum man diese Insel ein buddhistisches Land nennt. Kann ein Gebiet eine bestimmte Religion oder Rasse haben?

Man muß sich darüber klar sein, daß die große Mehrheit der Einwohner Sri Lankas Buddhisten sind. Sie halten vielleicht nicht streng an der Lehre Buddhas fest, doch betrachten sie sich als Buddhisten.

Willst du damit sagen, sie seien nur dem Namen nach Buddhisten?
Das ist leider so.
Was gab es dort vor der Einführung des Buddhismus?
Ich kenne die Antwort auf diese Frage nicht. Laut gewissen Historikern war hier eine Art Animismus weit verbreitet. Man glaubte, daß allen Dingen, sogar leblosen Dingen, eine Seele gegeben war. Deshalb beteten die Leute Geister an, die angeblich in den Bäumen, Tieren und vielen anderen Dingen wohnten.
Der Mensch ist immer ein Anbeter gewesen. Den Wunsch, etwas anzubeten, kann man von der primitiven Vergangenheit des Menschen verfolgen bis hin zur Gegenwart, wo der Mensch immer noch ein Anbeter ist. Heutzutage betet der Mensch eine sehr verfeinerte Vorstellung von Gott an; es ist ein sehr anspruchsvoller Glauben. Das zeigt, daß der menschliche Geist immer von Angst und Sorge gequält worden ist und es immer noch bleibt. Es ist sehr einfach. Das Anbetungsbedürfnis entsteht nur wegen der Angst. Wenn du die Angst von der menschlichen Psyche entfernen kannst, dann hört der Mensch sofort mit dem Anbeten auf.
Ich glaube, man stimmt allgemein überein, daß der Buddhismus in Sri Lanka im Jahre 246 v.Chr. eingeführt worden ist. Der große buddhistische Kaiser Asoka überredete seinen eigenen Sohn, den Mönch Mahinda, nach Sri Lanka zu gehen und dieses zum Buddhismus zu bekehren. Es ist überliefert, daß der Buddha selbst dreimal dieses Land besucht hat.
Willst du damit sagen, daß er vor ungefähr 2500 Jahren von Benares so weit bis hierher gereist ist? Glaubst du das?
Angeblich ist er durch Levitation hierher gekommen.
Soll das heißen, daß er sich vom Boden erhob und durch die Luft schwebte? Ah, ich weiß. Der Buddha muß wohl einen Flug der Luftfahrtgesellschaft Air India nach Colombo genommen haben! (Gelächter)
Ich weiß, daß du deine Bemerkung im Spaß gesagt hast. Jedoch gehen jedes Jahr Tausende buddhistischer Pilger zu jenen Orten Sri Lankas, die, wie man glaubt, von den Füßen des Buddha berührt worden sind. Ob das nun richtig ist oder nicht, fühlen sich die Buddhisten Sri Lankas

als rechtmäßige Hüter der buddhistischen Doktrinen. Als der Buddhismus in seinem Ursprungsland dank der hinduistischen Orthodoxie praktisch ausstarb, wurden diese Lehren in Sri Lanka bewahrt. Jahrhunderte lang ergriffen verschiedene singhalesische Könige Maßnahmen, um das Weiterleben des Buddhismus sicherzustellen. Deshalb betrachten sich die Singhalesen stolz als die Verteidiger des Buddhismus.

Die Leute dieses Landes sind also die selbsternannten Hüter des Buddhismus! Siehst du nicht, wie absurd das ist?

Ich persönlich glaube nicht an die Theorie, die Singhalesen seien dazu ausersehen, die Beschützer des Buddhismus zu sein. Ich berichte dir bloß, daß es diesen Glauben gibt.

Falls das, was der Buddha predigte, die Wahrheit ist, kann diese Wahrheit auf sich selbst aufpassen. Diese Wahrheit gehört keiner Person oder Nation. Diese Wahrheit gehört weder dir noch mir. Die Wahrheit gibt es immer, egal ob ein Buddha in der Welt entsteht, um ihr Ausdruck zu verleihen. Jene Wahrheit, die zeitlos und unzerstörbar ist, kann man weder stehlen noch vernichten.

Wie wahr! Ich habe dir all diese Tatsachen vermittelt, weil man die Märchen verstehen muß, die den singhalesischen Nationalismus aufrechterhalten.

Na, die Singhalesen sind nicht das einzige Volk, die verschiedene, ihre Identität stärkende Überzeugungen haben.

Die Juden zum Beispiel sind felsenfest überzeugt, sie seien das auserwählte Volk. Und die Bibel untermauert ihren Rassismus.

Die Bibel kann man zitieren, um alle möglichen sich widersprechenden Überzeugungen und Ideen zu beweisen. Lassen wir deshalb die Bibel und all diese andere sogenannte geistliche Literatur beiseite. Wenn du dir geistig wirklich im klaren bist, willst du dich auf keinen heiligen Text verlassen.

Zum Glück sind alle dem Buddha zugeschriebenen Lehren für das Wohl der Nachwelt aufgezeichnet worden. Seine Diskurse sind in Pali, Sanskrit und anderen Sprachen niedergeschrieben worden.

Keine Sprache, sie mag noch so alt und edel sein, kann die Wahrheit festhalten. Die lebende und sich zusehends ändernde Wahrheit kann man nicht auf Schriften reduzieren. Mein Freund

Aldous Huxley zitierte gerne ein kluges Sprichwort, wonach der Buddha nie die Wahrheit predigte, da er sich nur allzusehr dessen bewußt war, daß die Wahrheit unbeschreibbar ist. Die Wahrheit muß man persönlich von Minute zu Minute erfahren. Sie ist eine dynamische Bewegung, verstehst du? Nur etwas Totes kann man in Büchern festhalten.

Es ist ja alles schön und gut, daß du Bücher kritisierst, doch wie hätte ich ohne sie über das Leben des Buddha und seine hochfliegenden Ideen je Bescheid gewußt?

Buddha lehrte nie Ideen. Erleuchtete Wesen interessieren sich nicht für Ideen. Ideen sind die Spielzeuge Intellektueller und Priester. Ideen konditionieren dich. Der wirklich ernsthafte Mensch betrachtet Ideen als unnütz. Ein von Ideen strotzender Geist hat darin keinen Raum und ist daher keiner Klarheit, Intelligenz, keines Lichtes fähig.

Entschuldige bitte, daß ich den falschen Ausdruck gebraucht habe. Ich hätte sagen sollen ›hochfliegende Einsichten‹ des Buddha anstatt ›hochfliegende Ideen‹.

Glaubst du, die Einsichten des Buddha haben dieses Land zu etwas Besonderem gemacht, zu etwas, das sich von der übrigen Welt unterscheidet? Sind die Leute von Sri Lanka hoch intelligent? Sind sie sich der großen Schönheit dieses Landes bewußt? Dieses Land ist außerordentlich schön. Beobachten die Leute je die wunderbaren, vom Winde getriebenen weißen Wolken, die Silhouette der hohen Kokosnußpalmen gegen den tiefblauen Himmel oder die bunten Vögel und Blumen? Hast du aus dem Fenster geschaut und jenen riesigen Tamarindenbaum bemerkt?

Ich glaube nicht, daß sich die Leute von Sri Lanka grundsätzlich von der übrigen Menschheit unterscheiden. Es wird dich bestürzen, zu wissen, daß die Verbrecherrate ganz schön hoch hier ist. Die große Mehrheit der Buddhisten ißt schamlos Fleisch und Fisch.

Und sie nennen sich Buddhisten!

Dieses Land ist auch mit dem Rassenkonflikt zwischen Singhalesen und Tamilen gestraft. Die Tamilen, die eine Minderheit von achtzehn Prozent der Bevölkerung ausmachen, möchten ihren eigenen unabhängigen Staat gründen, da sie sich beklagen, sie würden von der Mehrheit, den Singhalesen, diskriminiert. In den letzten paar Jahren kamen Tausende wegen Rassengewalt ums Leben.

Was ist der Grund der Gewalt?

Was Sri Lanka betrifft, glaube ich, daß die Gewalt durch gegenseitige Angst hervorgerufen wird. Die Minderheit, die Tamilen, fürchtet die Mehrheit, die Singhalesen, und die Singhalesen fürchten die Tamilen ebenso, weil im Laufe der Jahrhunderte tamilische Prinzen und Armeen häufig in Sri Lanka einmarschiert sind. Krishnaji, was ist deine Lösung für dieses Problem?

Die Singhalesen und die Tamilen haben seit fast zweitausend Jahren zusammen auf dieser herrlichen Insel gelebt. Nun, warum hat sich eine Gruppe nicht mit der anderen zusammengeschlossen? Beide Gruppen sind daran schuld, daß sie sich nicht in ein organisches Ganzes verbunden haben. Wenn sich ein Singhalese mit der singhalesischen Rasse identifiziert, fühlt er sich von seinem tamilischen Nachbarn verschieden, nicht wahr? Ist es also möglich, die Etiketten ›Singhalese‹ und ›Tamile‹ fallen zu lassen? Warum nur geben wir uns bloß dumme Etiketten? Diese Etiketten erzeugen Haß. Schau, was eigentlich bist du? Du bist nur ein Bündel Gedanken, Erinnerungen, Wünsche, Ängste, Verletzungen, und tausend konditionierende Einflüsse. Warum gibst du diesem Bündel eine Etikette? Warum gibst du ihm einen Namen? Und ist das Bündel, das du in dir herumträgst irgendwie anders als das Bündel, das jemand mit sich herumträgt, der angeblich zu einer anderen Rasse gehört? Bist du anders als die übrige Menschheit? Alle Menschen sind in eine gemeinsame psychologische Strömung geraten. Falls du den Leuten diese naheliegende Wahrheit irgendwie bewußt machen kannst, dann vielleicht herrscht Frieden in diesem von Konflikten zerrissenen Land.

Glaubst du nicht, daß es deswegen Gewalt gibt, weil wir im Herzen kein Mitgefühl haben?

Das stimmt. Doch Mitgefühl kann man nicht entwickeln. Mitgefühl kann man nicht üben. Brüderlichkeit kannst du nicht üben. Deshalb hat keine Religion der Welt das Wesen des Menschen verändert. Mitgefühl kommt plötzlich, unerwartet, dann wenn du Ordnung ins psychologische Durcheinander in deinem Innern gebracht hast.

Mitgefühl ist ein sehr wichtiger Aspekt der Lehre Buddhas.

Das mag so sein, doch beschränke das Mitgefühl nicht auf den Buddhismus oder auf irgend eine andere Lehre. Einen wahren Buddhisten sehe ich als jemanden, der immer freundlich, großzügig, liebenswürdig, versöhnlich und rücksichtsvoll gegenüber allen Lebewesen ist. Ein echter Buddhist möchte keinem lebenden Geschöpf etwas zuleide tun. Nun, ist es nicht möglich, all diese Tugenden zu haben, ohne daß du dich einen Buddhisten nennst? Denn sobald du dich mit irgend einer Gruppe oder Sekte identifizierst, beschwörst du Uneinigkeiten und Konflikte herauf, nicht wahr?

Warum möchte ich mich mit etwas von mir Verschiedenem identifizieren?

Du selbst bist nichts. Wenn du dich von allen Gedanken freimachst, was bleibt dann noch übrig? Du bist überhaupt nichts. Da du dieses Nichts so furchterregend findest, verdeckst du es gerne durch die Identifikation mit einem Guru, einer Religion, Sekte, Rasse oder einem Land. Seit der allerfrühsten Zeit war die Denkweise des Menschen stammesgebunden, da er sich mit einer Gruppe oder mit einer Sache identifizieren wollte. Er strebte danach, sein nicht existierendes ›Ich‹-Bewußtsein durch den Identifikationsprozeß zu bestärken.

Nur der innere Friede wird den äußeren Frieden sicherstellen

Vor Jahrzehnten sagtest du »Das Weltproblem ist das individuelle Problem, und das individuelle Problem ist das Weltproblem.« Heute heißt einer deiner Lieblingssätze »Du bist die Welt, und die Welt ist du.« Deine beiden Sätze sind nicht grundsätzlich verschieden. Behauptest du immer noch, Sozialarbeit könne die Gesellschaft nicht verbessern?

Ich bin nicht dagegen, daß man den Lebensstandard der Bevölkerung erhöht. Natürlich brauchen wir bessere Häuser, bessere sanitäre Anlagen, eine sauberere Umwelt und rechte Ernährung. Jede anständige Regierung muß für diese Lebensgrundlage sorgen.

Wie ich dich also verstehe, bist du nicht gegen den materiellen Fortschritt.

Warum sollte ich gegen den technologischen Aufstieg sein? Wir sind im Zeitalter des Düsenflugzeugs, und wer will schon in die Zeit des Ochsenkarrens zurückkehren?

Die Rate unseres materiellen Fortschritts steigt so rasch an, daß es bald vielleicht überhaupt keine Armut mehr gibt. Wir werden länger leben. Glaubst du, daß die Vergrößerung des Wohlstands den Menschen dazu bringt, allmählich seine asozialen Wesenszüge abzuwerfen? Jeder Mensch wird das Notwendigste zum Leben haben, so daß er nicht das Bedürfnis hat, die Wohlhabenden zu bestehlen. Reiche Länder möchten arme Länder vielleicht dann nicht mehr erobern und kolonisieren. Es wird dann weniger Kriege geben.

Du bist ein Träumer!

Stimmt es nicht, daß du ein bequemeres Leben führst als jemals deine Großeltern? Deine Vorfahren waren nicht wie du Weltenbummler.

Ich genieße es nicht besonders, mit dem Flugzeug zu reisen. Ich nehme das nur auf mich, weil es das schnellste internationale Beförderungsmittel ist.

Kannst du es bestreiten, daß wir uns enorm verbessert haben?

Es kommt darauf an, was du mit dem Wort »verbessert« meinst. Bestimmt haben wir materielle Güter im Überfluß, doch psychologisch sind wir stehen geblieben.

Könntest du bitte diese Behauptung näher ausführen?

Der primitive Mensch bewarf seine Feinde mit Felsen und Steinen. Tausende Jahre später bekämpft der Mensch von heute seine Feinde mit Gewehren, Granaten und was weiß ich. Der primitive Mensch war gewalttätig und aggressiv, und wir sind es ebenso. Nennst du das Fortschritt?

Worüber du klagst, ist ein Lieblingsthema von Moralisten und Theo-

logen, die uns dauernd sagen, wir stäken geistig immer noch in den Kinderschuhen.

Nicht in den Kinderschuhen sondern in den Kleinkinderschuhen!

Laß mich die Behauptung »Du bist die Welt, und die Welt ist du« untersuchen. Willst du damit vielleicht sagen, daß ich persönlich am Gefecht im Nahen Osten zwischen den Juden und den Arabern schuld habe? Ich habe nichts getan, das die täglichen Plündereien, Schießereien und Kämpfe in jenen Weltgegenden hätte auslösen oder sogar verschlimmern können. In diesem Sinn scheint die Behauptung »Ich bin die Welt, und die Welt ist ich« unrichtig zu sein.

Darf ich dir eine persönliche Frage stellen?

Ja. Es steht dir frei, mir irgendeine Frage zu stellen.

Hast du dein Herz und deinen Geist von der Gewalt befreit?

Ich betrachte mich nicht als gewalttätigen Menschen. Doch in schwierigen Situationen verliere ich manchmal die Beherrschung.

Wut ist eine Form der Gewalt. Einverstanden?

Sie ist eine milde Form von Gewalt.

Am Anfang ist sie mild, doch später führt sie zu Gewaltsamkeiten.

Vielleicht bin ich leicht gewalttätig.

Das ist lächerlich! Entweder bist du gewalttätig oder gewaltlos. Der Unterschied ist sehr klar. Du kannst nicht gleichzeitig sowohl gewalttätig wie gewaltlos sein. Bitte, höre genau zu, was ich sage. Entweder bist du ein ehrlicher oder ein unehrlicher Mensch. Du kannst nie sagen »Ich bin leicht unehrlich«! Falls du »leicht unehrlich« bist, heißt das einfach, daß du geistig unehrlich bist. Hör, es ist wie mit einem Ei. Falls das Ei frisch ist, kann man es essen, doch falls es nur leicht faul ist, mußt du es wegwerfen. Hör, bist du ehrlich genug, um zuzugeben, daß du ein gewalttätiger Mensch bist?

Ja, ich bin gewalttätig. Na und?

Bist du dir bewußt, daß sich deine Gewalt qualitativ nicht von der im Nahen Osten wütenden Gewalt unterscheidet?

Ja, qualitativ ist es dieselbe Gewalt, aber nicht quantitativ.

Der Grad der Gewalt ist unwichtig. Das Ausmaß der Gewalt ändert nichts daran, daß du bereits am Fieber der Gewalt leidest.

Hör, ein unsichtbarer mikroskopischer Virus kann eine riesige Epidemie auslösen, die Millionen dahinrafft. Ebenso könnte die geringste Gewalt in dir den Ausbruch eines Weltkrieges beschleunigen.

Krishnaji, wenn ich dir so zuhöre, fühle ich mich schuldig.

Du mußt dich daran machen, die Tiefen deines Geistes zu erforschen, und alles, was du andern nachtragst, auszumerzen. Bist du jedoch zu dieser Arbeit nicht bereit, welches Recht hast du dann, über einen Friedensschluß im Nahen Osten zu reden?

Ich werde mich natürlich besonders bemühen, meine Gewalttätigkeit loszuwerden und mich zu wandeln.

Augenblick! Ist nicht derjenige, der um die Eliminierung seiner Gewalt bemüht ist, selbst eine Art Gewalt? Wenn die Gewalt die Gewalt zu unterwerfen sucht, gibt es noch mehr Gewalt. Siehst du die Vielschichtigkeit des Problems?

Ich muß einfach die Gewalt in mir erkennen. Wenn ich die Gewalt voll und ganz eingestehe und betrachte, dann wird dieses Betrachten allein die Auflösung der Gewalt bewirken.

Sehr richtig. Dieses Sehen allein vollbringt die Tat. Wenn du die Gewalt beobachtest, dann wird dieses Beobachten selbst zum Umstand des Wunders einer Wandlung.

Die Zahl souveräner Staaten weltweit vergrößert sich rasch.

Folglich gibt es mehr Armeen, mehr Kriegsmarinen, mehr Luftwaffen, und mehr Generäle. Jeder verrückte Präsident oder Premierminister kann die ganze Welt in Brand stecken.

Was meinst du zu den Aktionen für ein Atomwaffenverbot?

Warum setzen sie sich nicht für das Verbot *aller* Waffen ein? Es genügt nicht, sich bloß wegen der Gefahr von radioaktiver Strahlung aufzuregen. Man muß *alle* Formen von Gewalt eliminieren.

Ist nicht jede Regierung dafür verantwortlich, den Frieden innerhalb ihrer Landesgrenzen zu erhalten?

Man sollte dem Staat mißtrauen. Der Staat hat seinen Ursprung in der Gewalt und wird durch die Gewalt aufrechterhalten. Jeder Staat beruht auf Gewalt, da er eine Armee und Polizei unterhalten muß, um das Einhalten seiner Gesetze und Beschlüsse sicherzustellen. Man erwartet ebenfalls von einem Staat, daß er sich bei einem Angriff von Invasoren und Aggressoren verteidigt. Übersehe nicht, daß der Staat ein Mittel der Gewalt ist. Das ist nicht eine Theorie, sondern eine historische Tatsache. Warum also erwartest du, daß ein Staat Gewalt bannt, wenn er doch selbst Mittel der Gewalt ist? Verstehst du das Problem? Kannst du je einen schmutzigen Boden mit schmutzigem Wasser reinwaschen? Setze deine Hoffnungen deshalb nicht auf den Staat, wenn du ernsthaft Frieden willst, denn, wie ich erklärt habe, ist der Staat ja genau der Feind des Friedens, da er die Kriegseinrichtung finanziell unterstützt.

Anscheinend kommen wir auf deine Hauptthese zurück, nämlich, daß es nur dann Weltfrieden geben kann, wenn der Mensch zuerst selbst dank einer tiefen spirituellen Verwandlung inneren Frieden gefunden hat. Diese Ansicht zeigt dann notwendigerweise auch, wie dumm es ist, wenn man sich für eine Friedensstiftung auf Regierungen oder auf die Vereinten Nationen verläßt.

Was du bist, ist deine Regierung. Regierungen können nur das widerspiegeln, was du tatsächlich bist.

Deshalb lautet die wichtigste Frage: Warum ist die Gewalt so sehr Teil unseres Wesens?

Solange der Mensch seinem Selbst, dem Ego, dem »Ich«-Bewußtsein sklavisch verhaftet ist, wird er sich behaupten wollen. Und alle Behauptungen des Ichs sind Formen der Gewalt. Hast du die verschiedenen Arten beobachtet, wie sich das Ich ausdrückt? »*Mein* Land«, »*meine* Kaste«, »*meine* Familie«, »*meine* Überzeugungen«, »*mein* Ruf« – das sind verschiedene Arten der Selbstbehauptung. Falls du aus einer bestimmten Tätigkeit ein großes Gefühl der Erfüllung und Befriedigung gewinnst, benutzest du dann nicht diese Tätigkeit zur Ich-Behauptung? Und, wie ich eben sagte, wer auch immer sich behauptet, hat schuld an der Gewalt weltweit. Die Weltverbesserer, die sich an verschiedenen Sozialarbeiten beteiligen, die Politiker, die Philanthropen, behaupten alle auf subtile Weise ihr Ich. Das gesellschaftliche Wohl ist für das Ich nicht interessant; das Ich beschäftigt sich nur mit seinem eigenen Überleben und seiner Machtgier. Deshalb neigt das Ich zur Rücksichtslosigkeit und zur Gewalt.

Es wird erst dann auf Erden Frieden geben, wenn wir gewillt sind, unser Ich wegzuwischen.

Das Ich kann sich nie selbst wegwischen, denn es ist ewig darum bemüht, sich entweder bewußt oder unbewußt zu behaupten.

Es gibt erst Frieden auf Erden, wenn unser Ich wegfällt.

Genau.

Zuletzt möchte ich dir noch eine Frage stellen. Was ist die beste Regierungsform?

Du kommst einmal mehr von der wesentlichen Frage ab. Seit Urzeiten haben Philosophen Entwürfe für eine neue Welt geschaffen. Die alten Griechen glaubten, ihre Stadtstaaten seien die ideale Regierungsform. Heute glauben die Kapitalisten und die Kommunisten ebenfalls, daß ihr jeweiliges Regierungssystem das beste sei. Solange der Mensch triebhaft ist, wird es nie ein vollkommenes System geben. Doch wenn es uns gelingt, die Psyche des Menschen umzuwandeln, dann wird er bestimmt seine Gesellschaft zur Vollkommenheit bringen.

Handeln ohne Denken

In einem deiner Vorträge hast du Wettkämpfe im Sport heftig kritisiert. Wenn ich dich richtig verstanden habe, sagtest du, die Welt von heute habe nicht das Wettbewerbsdenken dringend nötig, sondern den Sinn für Zusammenarbeit.

Es ist recht augenfällig, daß das Wettbewerbsdenken die Zersplitterung der Welt verursacht. Die Welt ist wirtschaftlich, gesellschaftlich und politisch auseinandergefallen. Dieser Planet ist in Nationen zergliedert worden. Und wenn sich Länder gegenseitig Konkurrenz machen, gibt es zwangsläufig Spannungen, Verdacht, Feindseligkeit, Mißverständnisse und schließlich Krieg.

Du verurteilst jeden Ausdruck des Wettbewerbsdenkens, sei dies auf dem Sportplatz oder im Prüfungsraum der Schulen und Universitäten, doch privat machen dir sportliche Wettkämpfe Spaß. Heute nachmittag zum Beispiel sah ich dich mit einer Gruppe Schüler im Fernsehraum. Ihr hingt alle während mehrerer Stunden vor dem Fernseher. Mit Genuß saht ihr zu, wie Cassius Clay Mohammed Ali, der amerikanische Schwergewichtboxer, seinen Weltmeistertitel verteidigte. Als einer der armen Boxer auf grobe Weise bewußtlos geschlagen wurde und deshalb nicht aufstehen konnte, klatschten die Schüler laut in die Hände. Und eben du in deinen Blue Jeans riefst ›Bravo, bravo!‹ Dieser Anblick schockierte mich.

In all den vergangenen Jahren hast du einen bestimmten Eindruck von mir gehabt, und jetzt stellst du fest, daß dein Eindruck nicht mit der Wirklichkeit übereinstimmt. Du hast geglaubt, Krishnamurti kleide sich und handle immer auf eine gewisse Art, und jetzt bist du enttäuscht. Warum hast du ein bestimmtes Bild von Krishnamurti? Siehst du nicht, daß dich jedes Bild, das du dir machst, jeweils bald gefangen hält? Laß das Bild los! Ich habe kein bestimmtes Bild von mir. Hast du je versucht, dich geistig von allen in dir angesammelten Bildern zu befreien?

Dein Philosophieren ist zwar in Ordnung, hast du aber kein Mitleid für den armen Kerl, der bewußtlos zu Boden stürzte? Krishnaji, sicher sind dir die medizinischen Fakten hinsichtlich des Boxens und Ringens bekannt. In England gibt es eine Kampagne, um diese Sportarten zu verbieten, da die Teilnehmer das große Risiko eingehen, einen Gehirnschaden zu erleiden.

Was unternimmt man, um den durch innere Bilder hervorgerufenen psychologischen Schaden zu verhindern? Hör, stehe doch bitte nicht dort. Setz dich lieber hier aufs Sofa, und laß uns zusammen die Kleinigkeiten besprechen, die dir Sorgen machen. Sollen wir bei den Blue Jeans beginnen? (Gelächter). Man hat mir mehrere Paar Jeans gegeben. Sie sind ausgezeichnet für den Spaziergang im Wald. Möchtest du ein Paar?

Es ist sehr nett von dir, Krishnaji, doch meine Hosengröße ist nicht gleich wie die deine. Ich muß leider dein großzügiges Angebot ablehnen.

Neulich fragte mich ein indischer Herr mit Verärgerung – er besuchte einen meiner Vorträge –, warum ich in England nicht Kurtas und Pyjamas trage.

Und was hast du ihm geantwortet?

Ich bin sicher, er wußte bereits, warum man in England keine indischen Kleider trägt. Das ist ein kaltes Land. Man muß sich dem Klima entsprechend kleiden. Außerdem würden indische Kleider hier viel Aufmerksamkeit erregen. Richtig zu leben ist eine große Kunst. Du solltest so leben, daß niemand deine Gegenwart bemerkt. Lebe tugendhaft, doch zeige nie deine Tugendhaftigkeit.

Sollen wir übers Boxen reden?

Ich bin gegen blutige Sportarten wie Hahnenkämpfe und Fuchsjagden. Einmal sah ich am Fernsehen, wie ein armer hilfloser Hirsch von Jägern gequält wurde, und ich mußte mich vor Ekel abwenden. Ich schaltete den Fernseher ab. Jeder sensible Mensch wird gewiß ebenso reagieren. Der Mensch ist im Grunde ein Wilder, und alle möglichen Grausamkeiten, die im Namen des Sportes begangen werden, machen ihm Spaß.

Ich glaube, indirekt macht es uns Spaß, sadistischen Tätigkeiten beizuwohnen: Weil wir uns vor den Folgen fürchten, die eine von uns begangene Grausamkeit mit sich bringt, lieben wir es, die grausamen Taten anderer zu sehen.

Nicht nur das, denn es besteht auch diese unersättliche Begierde nach ständiger Erregung. Wir können nicht mit uns selbst leben und der inneren Leere ins Auge blicken. Deshalb sorgt unsere sogenannte Zivilisation durch den Sport, durch Drogen, Sex und Religion für alle möglichen Fluchten.

Ich habe bemerkt, wie die wild jubelnde Zuschauermenge bei Fußballspielen ihre aufgestauten Gefühle, Frustrationen, Aggressionen und so weiter abreagieren.

Ich war in meiner Jugend ein ziemlich guter Tennisspieler. Ich habe bei Berufsspielern jeweils bemerkt, wie stolz sie auf ihr Können sind. Es bereitet dir großes Vergnügen, mit dem anzugeben, was nur du allein kannst und was andere nicht können. Nur wenn ein Boxchampion stark motiviert ist und ein sehr großes Ego hat, kann er die Tortur all der langen Drill- und Trainingsstunden durchmachen. Die Menschen sind gewillt, große Not zu leiden, um etwas zu erzielen. Das ›Ich‹-Bewußtsein strebt immer nach Selbstausweitung, sei dies nun im Bereich des Sportes oder in der sogenannten spirituellen Welt. Wie sehr doch die Yogis Askese üben, um in den Besitz übernatürlicher Kräfte zu kommen! Wenn sie einmal über eine bestimmte Kraft verfügen oder gelernt haben, ein dummes Kunststück vorzuführen, wie gern sie es doch dann zur Schau stellen!

Ich verstehe fast alles, was du erklärt hast. Darf ich dir nun ganz respektvoll eine persönliche Frage stellen?

Das darfst du.

Macht es dir irgendwie Spaß, dem Boxen zuzusehen?

Ein Boxer oder Ringkämpfer, der gewinnen will, muß spontan handeln. Er weiß nie zuvor, von welcher Richtung er in einem Wettkampf angegriffen wird. Er muß rasch handeln. Er hat keine Zeit, zuerst gründlich nachzudenken und dann erst zu handeln. Er muß also den Mechanismus seines Geistes beiseite legen und ohne Denken handeln. Wenn dein Verhalten von den Geboten des Denkens beherrscht wird, dann *reagierst* du bloß auf die Anforderungen des Lebens. Und dein Leben ist nichts als eine Reihe solcher Reaktionen. Doch gibt es eine ganz andere Art, den Anforderungen des Lebens zu begegnen. Es bereitet große Freude, wenn du nicht mehr dem Denken zufolge reagierst, sondern dem Leben *antwortest*, ohne zu denken.

Das Wesen des Gedächtnisses

Ich stelle fest, daß ich mit zunehmendem Alter vergeßlicher werde. Ich weiß nicht, ob die Vergeßlichkeit mit dem Alter zusammenhängt.

Die Vergeßlichkeit hängt nicht mit dem Alter zusammen. Kinder können ebenso vergeßlich sein wie Erwachsene. Bist du an diesem Problem lebhaft interessiert?

Ich habe ein besonderes Interesse daran. Ich übe einen akademischen Beruf aus. Als Bibliothekar muß ich mir eine große Menge Fakten und Zahlen merken. Ich habe neulich festgestellt, daß ich nicht mehr rasch und tüchtig arbeiten kann, da mich ein schlechtes Gedächtnis behindert.

Ich glaube, zuerst sollten wir zwischen zwei Arten von Gedächtnis unterscheiden. Es gibt das »sachliche Gedächtnis« und das »psychologische Gedächtnis«.
Ich nehme an, das »sachliche Gedächtnis« besteht aus Informationen oder fachlichen Daten. Es ist objektives Wissen.
Ja. Das »sachliche Gedächtnis« setzt sich aus allen möglichen Informationen zusammen. In der Schule mußtest du bestimmt Geschichte und Geographie gelernt haben. Nun, das ist alles »sachliches Gedächtnis«. Das »sachliche Gedächtnis« ist selbstverständlich wichtig. Wir brauchen es zum Überleben. Wenn ich mich nicht an dein Gesicht erinnern kann, erkenne ich dich bei unserem nächsten Treffen nicht wieder. Ein Ingenieur muß sehr viel wissen, bevor er eine Brücke oder ein Haus bauen kann. Das Wissen nimmt immer schneller zu, besonders das technische Wissen.
Es wächst lawinenartig an.
Die Ingenieure der Zukunft müssen viel mehr lernen als die Ingenieure von heute. Der Geist hat eine große Kapazität, Informationen anzusammeln. Er hat außerordentliche Fähigkeiten, doch wir machen nicht von allen anderen Fähigkeiten Gebrauch.
Willst du damit sagen, daß der Gebrauch unseres Gehirns verschwenderisch unvollständig ist?
Du kannst es so ausdrücken, wenn du willst. Wir sind irgendwie träge und brauchen unser Gehirn nicht voll und ganz.
Du hast das sachliche Gedächtnis sehr gut beschrieben. Ich habe nie Mühe gehabt, es zu verstehen. Doch ich habe nur eine ungenaue Vorstellung vom »psychologischen Gedächtnis«. Meinst du mit dem Ausdruck »psychologisches Gedächtnis« das nicht-sachliche Gedächtnis?
Das »psychologische Gedächtnis« ist nicht unsachlich. Es ist sehr sachlich.
Ich nehme an, du willst sagen, das »psychologische Gedächtnis« sei nicht wünschenswert, während das »sachliche Gedächtnis« wünschenswert sei?
Laß uns klar darüber sein, was das »psychologische Gedächtnis« ist. Ich erinnere mich, wie dein Gesicht aussieht. Wir haben das

bereits »sachliches Gedächtnis« genannt. Falls ich dein Gesicht nun mag oder nicht mag, dann wird natürlich diese Zu- oder Abneigung meine Haltung dir gegenüber beeinflussen. Unsere Zu- und Abneigungen bilden das »psychologische Gedächtnis«. Verstehst du? Hör, all deine Ängste, Haßgefühle, Sorgen, Hoffnungen, Verletzungen, Ambitionen – all das ist das »psychologische Gedächtnis«.

Ich verstehe die zwei Arten von Gedächtnis. Sie hängen jedoch sehr eng miteinander zusammen. Ich weiß nicht genau, wo eine Art von Gedächtnis aufhört und die andere beginnt. Im von dir erwähnten Beispiel heißt der in deinem Gedächtnis registrierte Eindruck meines Gesichts »sachliches Gedächtnis«. Deine Abneigung gegen mein Gesicht heißt »psychologisches Gedächtnis«. Doch ist deine Abneigung dagegen nicht auch eine Tatsache?

Natürlich ist sie eine Tatsache. Sie ist nicht bloß Einbildung. Aber sobald ich es zulasse, daß diese Abneigung meine Haltung dir gegenüber beeinflußt, werde ich vom »psychologischen Gedächtnis« beherrscht. Ist es also möglich, geistig immer auf dem Niveau des »sachlichen Gedächtnisses« und nicht auf dem Niveau des »psychologischen Gedächtnisses« tätig zu sein? Denn das »psychologische Gedächtnis« ist es, welches uns geistig konditioniert und unsere Wahrnehmung verzerrt.

Sollten wir diese Frage noch einmal untersuchen? Ich glaube, ich muß mir darüber vollkommen im klaren sein. Mein Gesicht ist zufällig sehr häßlich. Diese Häßlichkeit ist eine Tatsache.

Ich erinnere mich an ein Gesicht genau, wie es ist, ohne es »häßlich« oder »schön« zu nennen.

Doch die Häßlichkeit ist eine Tatsache.

Es ist die Art, wie ich auf dein Gesicht reagiere, die das »psychologische Gedächtnis« bildet.

Ist es nicht so, daß dich Häßlichkeit abstößt und Schönheit anzieht?

Du solltest deine Reaktionen beobachten, wenn sie in dir aufsteigen. Wenn du eine Reaktion vollständig betrachtest, brennt sie sofort weg.

Auf diese Weise würde der Geist dauernd unverdorben bleiben.

Das ist richtig. Ich habe gesagt, die Reaktion wird ausgelöscht, wenn der Geist widerstandslos wachsam ist. Hast du auch schon beobachtet, daß der Geist überhaupt nicht reagiert, wenn er seine Reaktionen nicht benennt? Wenn du das Gesicht »häßlich« oder »hübsch« nennst, verzerrst du dann nicht deine Wahrnehmung, indem du die Vergangenheit hineinbringst? Du belebst die Vergangenheit. Wenn ich es also vermeide, das Gesicht »häßlich« oder »hübsch« zu nennen, vermeide ich Assoziationen der Vergangenheit, was bedeutet, daß es möglich wird, das Gesicht genau so zu sehen, wie es ist, ohne Gefühle der Zuneigung oder Abstoßung zu entwickeln. Dann bleibt der Geist frei.

Wir haben etwas außerordentlich Wichtiges besprochen, obwohl wir dabei vom Thema der Vergeßlichkeit abgekommen sind.

Du sagtest, du seist vergeßlich.

Ja. Die Fähigkeit, mir sachliche Angaben zu merken, scheint abzunehmen.

Was hast du deswegen unternommen?

Nun, jeden Abend vor dem Einschlafen rufe ich mir die Einzelheiten meiner Erlebnisse am Tag zurück. Es ist eine geistige Übung des Yoga. Ich habe gelesen, daß man die Merkfähigkeit des Gehirns durch diese Übung erhöhen kann. Die Theorie sagt, die Gedächtnismuskeln sozusagen würden durch die häufige Beanspruchung stärker. Was der Geist gelernt hat, sollte man sich immer wieder zurückrufen und dadurch frisch im Gedächtnis halten. Wie leicht man eine Fremdsprache vergißt, wenn man sie während längerer Zeit nicht gebraucht! In buddhistischen Tempeln habe ich Mönche gesehen, die nicht nur mühsam die heiligen Schriften auswendig lernten, sondern sie auch regelmäßig rezitierten, um diese nicht zu vergessen.

Ich habe einen Sannyasin gekannt, der die ganze Bhagavad Gita auswendig gelernt hatte. Er konnte das Buch sogar rückwärts rezitieren, und natürlich war es dann völlig sinnlos. Leute umgaben ihn und bewunderten seine geistige Gymnastik! Du könntest ebenso einen Papagei dazu dressieren, solche Aufführungen zu bringen.

Ein gutes Gedächtnis ist von großem Vorteil und Nutzen im Leben.

Hat sich dein Gedächtnis durch diese Übung verbessert?

Wenn ich mir die Tagesereignisse ins Bewußtsein zurückrief, bemerkte ich, daß mein Geist ordentlicher wurde, doch gab es keine bedeutende Verbesserung seiner Aufnahmefähigkeit.

Ich habe Menschen mit fotografischen Gedächtnissen kennengelernt. Mit außerordentlicher Genauigkeit konnten sie sich fast an alles erinnern. Doch habe ich entdeckt, daß solche Menschen nicht leicht bemerken, was gerade in ihnen sowie außerhalb von ihnen vorgeht. Sie sind nicht sehr achtsam.

Es wäre ausgezeichnet, sowohl die geistige Fähigkeit zur Achtsamkeit als auch zum fotografischen Gedächtnis zu haben.

Ich habe noch nie einen solchen Menschen getroffen.

Jeden Morgen übe ich fünf Minuten lang Sirshasana (Kopfstand), weil ich von Swami Sivananda von Rishikesh gelernt habe, daß dieses Asana besonders gut für das Gehirn ist. Laut ihm »verbessert sich das Gedächtnis auf beeindruckende Weise«.

Auch ich übe dieses Asana, aber nicht mit der Absicht, mein Gedächtnis zu verbessern. Dieses Asana tut den Nerven gut.

Dann muß es auch dem Gehirn gut tun.

Schläfst du fest?

Es gibt Tage, an denen ich nicht gut schlafe.

Wenn sich das Gehirn nicht richtig ausgeruht hat, verkrampft sich der Körper und wird reizbar. Doch wenn das ganze System entspannt ist, tauchen Erinnerungen leicht auf. Ernährst du dich richtig? Ich habe gehört, ein Proteinmangel könne die Gehirnfunktion beeinträchtigen. Du mußt diese Möglichkeiten erwägen, denn ich weiß, daß Menschen asiatischer Herkunft oft unter Proteinmangel leiden. Soll ich dein Gedächtnis prüfen?

Ja, du darfst.

Wie hast du letzten Samstagabend verbracht?

Ich erinnere mich nicht an die Einzelheiten. Vielleicht ging ich spazieren, doch kann ich mich nicht daran erinnern, wo ich hinging.

Wie heißt der neueste Bestseller?

Es gibt mehrere Bestseller.

Wie heißen sie?

Ich habe es vergessen.

Erinnerst du dich daran, wie dein bester Freund heißt?

Natürlich.

Schau, es ist so einfach. Der Geist erinnert sich an Angenehmes und verdrängt die Erinnerungen, die unangenehm sind. Geht es dir nicht so, daß du lästige Kritiken und Beleidigungen gern vergißt und du an allen Komplimenten hängst, die andere über deine Arbeit machen? Doch wenn du deine Arbeit wirklich genießen würdest, hättest du dann dieses Problem überhaupt? Sag mir, bist du glücklich an deinem Arbeitsplatz?

Es gab eine Zeit, als ich meine Arbeit sehr genoß, doch jetzt verabscheue ich es, so enorm viel Arbeit in meinem Büro machen zu müssen.

Deine Abneigung gegen die Arbeit und gegen den Arbeitgeber blockiert offensichtlich das Auftauchen der mit deiner Arbeit verbundenen Erinnerungen. Jede Art von Erregung, Störung oder Kummer hindert das Unbewußtsein, in Verbindung mit dem Bewußtsein zu stehen. Bist du dir dieser Abneigung vollständig bewußt? Grabe sie aus und untersuche sie. Wenn du dies während ein paar Wochen getan hast, kannst du mir Bescheid geben, ob sich dein Gedächtnis verbessert hat.

Krishnaji, deine Freunde wissen nur allzu gut, daß du ein schlechtes Gedächtnis hast.

Das stimmt. Wenn ich jemanden während etwa zehn Jahren nicht gesehen habe, vergesse ich diese Person völlig. Einige Leute waren sehr gekränkt, weil ich sie nicht wiedererkannt hatte. Das ist nun mal so. So bin ich einfach.

Hast du irgendwelche Hilfsmaßnahmen ergriffen, um dein Gedächtnis zu verbessern?

Ich will mich nicht verbessern. Ich bin nicht daran interessiert, irgend etwas zu erreichen. Den Zustand zu kennen *was ist*, das lebendige Jetzt, ist unheimlich wichtiger als sich den Kopf zu zerbrechen über das, was sein sollte.

Ich bin verdutzt darüber, daß du die ganze Zeit Vorschläge zur Verbesserung meines Gedächtnisses gemacht hast, und ich jetzt bemerke, daß du dein eigenes Gedächtnis gar nicht verbessern willst.

Im Altertum betrachteten gewisse Philosophen und Erzieher den

Geist als Wissensbehälter. Den Geist sah man als nützliche Fundgrube des Wissens. In der modernen Welt haben wir Computer, die Informationen nicht nur schneller als der menschliche Geist speichern können sondern auch weit genauer. Warum willst du deinen Geist mit Wissen beladen, wenn es doch Computer für diese Arbeit gibt? Was ist dann der Zweck des Geistes? Gewiß sollte man den Geist als Mittel zur unverzerrten Beobachtung brauchen. Richtig zu sehen, die intelligente Beobachtung, die Beobachtung ohne den Beobachter ist die Rolle des Geistes. Die Welt ist so schön, voller Farbe und Licht und Form und tiefen Schatten. Beobachte einfach all diese Dinge und mehr, ohne dir innere Bilder vom Beobachteten zu machen, so daß der Geist ewig neu ist, frisch, unschuldig und jung.

Ich habe gehört, daß du den größten Teil deines Gedächtnisses verloren hast, als du in den 20er Jahren jene große spirituelle Erleuchtung erlebtest.

Das »psychologische Gedächtnis« fiel vollständig von mir ab.

Und was geschah mit dem »sachlichen Gedächtnis«?

Vieles von meiner Vergangenheit vergaß ich ebenso. Doch nicht alles vergaß ich, denn ich erinnerte mich noch daran, wie man zählt und Worte richtig gebraucht.

Würdest du dein großes Erlebnis als eine Art Gedächtnisschwund oder Amnesie bezeichnen, wenn ich einen medizinischen Ausdruck gebrauchen darf?

Nein. Ich weiß nicht, was Amnesie verursacht. Ich weiß nicht, ob Amnesie durch einen Gehirnschaden verursacht wird. Nenne es nicht Amnesie, denn was geschah, war nicht Amnesie. Einige nannten es das Erwachen der Kundalini und all den Quatsch. Die theosophischen Führer waren verwirrt und brachten damals alle möglichen Erklärungen vor. Das Gedächtnis wird in den Gehirnzellen gespeichert. Wenn der Geist vollständig verwandelt wird, geht direkt in den Gehirnzellen eine Veränderung vor. Es ist eine grundlegende Wandlung, die man nicht wissenschaftlich erklären kann. Nur wenn du diese Veränderung persönlich erfahren hast, wirst du wissen, wovon ich rede.

Was ist Hellsehen?

Bitte verzeih, daß ich dir eine Frage über ein an das Okkulte grenzendes Thema stellen will. Oft habe ich gesehen, wie du Fragen, die okkulte Kräfte betreffen, abgetan hast.

Laß uns wie zwei Freunde ohne Barrieren miteinander reden. Was ist deine Frage?

Ich habe C.W. Leadbeaters bemerkenswertes Buch mit dem Titel Clairvoyance *gelesen. Kennst du dieses Werk?*

Ich weiß, daß es existiert, doch gelesen habe ich es nicht. Ich bin mit theosophischer Literatur nicht vertraut. Philosophische, religiöse und spirituelle Bücher langweilen mich, und ich lese sie nicht.

Ob das nun richtig ist oder nicht, doch solche Bücher faszinieren mich. Krishnaji, du brauchst sie nicht zu lesen, weil du das Glück hast, eine Quelle der Weisheit zu sein, ich jedoch muß sie lesen, da ich ein armer unglücklicher Nichtswisser bin.

Was ist deine Frage?

Hellsehen heißt »klar sehen«, doch bezieht es sich auch auf die Fähigkeit zu sehen, was dem gewöhnlichen physischen Sehvermögen verborgen bleibt. Einige Leute haben die Gabe, etwas zu wissen, ohne dazu ihre Sinnesorgane zu gebrauchen. Ich habe verschiedene Male Erlebnisse hellseherischer Art gehabt. Zum Beispiel besuchte ich kürzlich dein Elternhaus. Voller Neugier wollte ich den heiligen Puja-Raum sehen, in dem du geboren wurdest. Einige Freunde nahmen mich freundlicherweise mit zu deinem früheren Haus in Madanapalle. In dieser kleinen Stadt schritt ich ihnen voraus. Obwohl ich nie auch nur eine Fotografie deines Hauses gesehen hatte, erkannte ich es zweifelsohne sofort, als ich es sah. Außerdem kannte ich alle Einzelheiten seiner Innenausstattung, sogar bevor ich hineinging. Das ganze Haus war mir seltsam vertraut. In Trance stieg ich die Treppe hinauf und suchte in einem Raum ein religiöses Bild. Sehr zu meinem Bedauern fehlte das Bild, denn man hatte es entfernt. Doch der Hausbewohner bestätigte, ich hätte die genaue Stelle auf der Wand gefunden, wo das Bild einmal gehängt hatte.

Viele Leute haben solche Erlebnisse. Willst du damit sagen, daß du ein außergewöhnliches, geheimnisvolles Erlebnis gehabt hattest?

In gewisser Hinsicht war es ein sehr ungewöhnliches Erlebnis.

Warum mißt du diesem oder irgend einem anderen Erlebnis Wichtigkeit bei? Das Erlebnis ist zu Ende, doch du hältst daran fest.

Aber was ist denn schon dabei, ein wunderbares Erlebnis zu schätzen zu wissen?

Jedes Erlebnis, das man sich merkt, belastet den Geist und hindert ihn daran, Klarheit zu erlangen.

Ist ein Erlebnis wie dicker Nebel, der den Geist trübt?

Genau.

Ich bin mir bewußt, daß das Hängen an Erlebnissen einem die Empfänglichkeit für weitere Erlebnisse blockiert, doch trotzdem möchte ich wissen, ob die Fähigkeit zum Hellsehen innerhalb oder außerhalb des Geistes wirkt. Sollen wir diese Frage näher untersuchen?

Wir kommen bald darauf zu sprechen. Schau, ob du nun hellseherische Kräfte hast oder nicht, weiß ich nicht, und ich bin nicht im geringsten daran interessiert, das herauszufinden. Wirklich wichtig ist nicht, ob du hellseherisch bist, sondern ob du ein Bild eines Übermenschen mit hellseherischen Kräften von dir hast. Ist es nicht wahr, daß du von dir ein solches Bild hast? Warum hast du überhaupt geistige Bilder, geistige Bilder irgendeiner Art?

Ich bin begierig zu wissen, ob das Hellsehen innerhalb des Bewußtseins tätig ist?

Alles, was dem Bewußtsein entspringt, ist das Bekannte. Deshalb kann unser Bewußtsein nie an das Unbekannte herankommen. Laß uns herausfinden, ob das Hellsehen jenseits der Grenzen des Denkens liegt. Hast du an dieser Frage ernsthaftes Interesse?

Aber sicher.

Begegne Menschen, die behaupten hellseherisch zu sein, stets mit Skepsis. Nicht, daß das Hellsehen nicht existiert. Es existiert bestimmt. Aber nährt es nicht deine Eitelkeit, wenn du glaubst, du hättest Gaben, die anderen fehlen? Einmal besuchte mich ein Guru. Er bemühte sich krampfhaft, mir Eindruck zu machen. Er sagte unter anderem, er habe durch Hellsehen diagnostiziert, daß ich an Heuschnupfen leide. Es stimmt, ich leide an Heuschnupfen. Und was steckte hinter dem Hellsehen dieses Gurus? Bevor der Guru mich besuchte, hatte er einen Freund von mir aufgesucht und hatte von ihm heimlich diese Auskunft über den Heuschnupfen eingeholt! Heute gibt sich dieser Guru schlau als Hellseher aus.

Krishnaji, es gibt zwei Male, wo ich bemerkt habe, daß du Fähigkeiten zum Hellsehen hast. Bei einer Diskussion kritisiertest du das Publikum deswegen, weil es nicht sorgfältig zuhörte. Ich saß hinter einer Säule, und du bemerktest meine Anwesenheit dort nicht. Ich konnte mich nicht auf das Gespräch konzentrieren, weil ich einen schmerzhaften Krampf im Bein hatte. Dann sagte ich mir: Falls Krishnamurti hellseherisch ist, wird er bestimmt meine Unaufmerksamkeit entschuldigen. Ich war erstaunt, als du dann nach dem Treffen auf mich zukamst und sagtest: »Geht es deinem Bein gut?«

Manchmal mache ich Feststellungen ohne zu wissen, daß ich sie mache. Irgend eine andere Quelle scheint Nachrichten über mich durchzugeben.

Als ich dich in Vasanta Vihar in Madras traf, nachdem ich mit dem Flugzeug von Australien angekommen war, begrüßtest du mich und riefst: »Ich weiß, was du in deiner Tasche hast! Du bringst mir Käse und einen Krimi von Agatha Christie.« Du hattest damals völlig recht, denn genau das waren die Gegenstände in meiner Tasche.

Wahrscheinlich war es bloß gut geraten.

Bitte erkläre, was echtes Hellsehen ist.

Ein Geist ohne Bilder, ohne Gedanken, unkonditioniert, ist zu großer Klarheit fähig. Diese Klarheit, die zeitlos ist, kann in die Zukunft greifen. Die Zukunft kann dann vorhergesagt werden. Wenn der Geist frei ist, wird sich diese Klarheit sogar im Schlaf zeigen. Diese Klarheit kann man Hellsehen nennen. Aber der Name, den du ihr gibst, ist unwichtig, denn der Name ist nie die Sache selbst.

Das Geheimnis des Todes

Warum nur blickst du so elend drein? Warum bist du so unglücklich? Was bekümmert dich? Und warum hast du mich wiederum aufgesucht?

Letzte Woche ist ein Freund von mir an Krebs gestorben. Es war ein qualvoller Tod. Die Schmerzen, die er litt, waren unerträglich. Auch gaben ihm die Ärzte Medikamente, um die Schmerzen zu beseitigen. Er war deshalb in den letzten Tagen seines Lebens nicht ganz bei Bewußtsein.

Was für ein Krebs war es?

Es war Lungenkrebs. Ich habe darüber nachgedacht, daß unser Leben vielleicht auch eines Tages enden wird.

Das Leben wird nicht vielleicht enden: das Leben wird enden. Früher oder später sterben wir alle.

Infolge des gewaltigen Fortschritts in der Medizin ist es nicht unmöglich, daß in ferner Zukunft der Mensch den Tod besiegen wird. Bis jetzt haben wir immer angenommen, wir seien alle sterblich. Die Behauptung »der Mensch ist sterblich« gründet auf unseren vergangenen Erfahrungen, doch irgendwann in der Zukunft erlangen wir vielleicht körperliche Unsterblichkeit.

Solche Vermutungen entspringen bestimmt der Angst vor dem Tod. Wenn du nicht Angst vor dem Tod hättest, würdest du nicht diese Dinge sagen.

Heißt das, daß Theorien über die Reinkarnation und das Leben nach dem Tod das Ergebnis der Angst vor dem Tod sind?

Der Mensch, der mit Intensität in der Gegenwart lebt, im zeitlosen Jetzt, hat kein Interesse am Morgen. Das Morgen wird wichtig, wenn du das sich im Jetzt Abspielende umgehst. Die alten Leute schauen in die Vergangenheit zurück, und die Jungen freuen sich auf die Zukunft. Doch der Mensch, der von Minute zu Minute lebt, im ewigen Jetzt, hat keine Zeit dafür und Neigung dazu, sich von Gedanken über die Vergangenheit oder Zukunft ablenken zu lassen.

Religiöse Bücher sind reichlich mit Theorien versehen über das, was uns nach dem Tod bevorsteht. Doch du deutest an, daß all diese Theorien ohne Gewicht seien. Du weist darauf hin, daß der Mensch diese Theorien erfunden habe, weil er sich vor dem Alter und dem Tod fürchte. Ich bin mir bewußt, daß solche Theorien wahrscheinlich entstanden sind, weil sie ein gewisses psychologisches Bedürfnis befriedigen. Der Glaube an die Möglichkeit eines Lebens nach dem Tod verringert unsere Angst vor dem Tod in beträchtlichem Maße.

Es beruhigt dich der Gedanke, du würdest deine verstorbene Großmutter im Himmel oder anderswo wiedersehen. Wenn deine Lieben sterben, dann leidest du keine Qualen der Trennung, weil du ruhig bist im Bewußtsein, daß du eines Tages wieder mit ihnen zusammenkommst.

Sollen wir die Reinkarnationstheorie, nachdem wir sie von ihren psychologischen Ursprüngen gereinigt haben, nochmals prüfen? Vergessen wir vorübergehend die psychologischen Gründe, warum diese Theorie auf die Menschen so großen Einfluß ausübt, und ziehen wir sie dann in Betracht.

Schau, der Ansatz ist falsch. Du kennst den psychologischen Hintergrund einer Glaubenslehre; du siehst, daß der menschliche Geist eine bestimmte Lehre aus Furcht erfunden hat. Wirfst du dann jene Lehre nicht über Bord? Schau, warum hast du *überhaupt* eine Lehre? Kannst du nicht *ohne* Lehren leben? Ein gesunder Geist braucht sich nicht auf Glaubenslehren zu stützen.

Angenommen, die Ärzte unterrichteten mich, ich leide an einer unheilbaren Krankheit und ich hätte nur noch ein paar Tage zu leben. Ist es dann in Ordnung, wenn ich sie darum bitte, mich schmerzfrei zu töten? Empfiehlst du die Euthanasie? Was ist der Sinn einer künstlichen Verlängerung meines Lebens, wenn ich nach einem Unfall körperlich und geistig zu einem Krüppel geworden bin?

Die Menschen mögen sich als sehr gescheit und großartig halten, doch in Wahrheit sind wir immer noch Barbaren. Der Mensch ist gewalttätig. Das ist eine Tatsache. Er gibt seiner Gewalt Ausdruck, indem er Bosheiten sagt oder indem er jemanden quält, den er haßt. Das Töten ist der extreme Ausdruck dieser Gewalt. Ob du nun zusiehst, daß ein anderer für dich tötet, oder ob du die

Dreckarbeit selbst verrichtest, zerstörst du dabei immer ein Leben. Ich befürworte weder das Töten anderer, sogar wenn man es schmerzfrei tut, noch das Töten seiner selbst. Der Selbstmord ist ein Ausdruck von Gewalt, die gegen einen selbst gerichtet ist.

Warum sind wir gewalttätig?

Wir sind gewalttätig, weil wir selbstsüchtig sind. Das rücksichtslose Trachten nach Eigennutz ist Gewalt. Das Selbst ist unersättlich. Die Wünsche und Bestrebungen des Selbst kennen kein Ende. Das Selbst kann sich nur selbstsüchtig verhalten, was anders ausgedrückt heißt, daß das Selbst sich nur gewalttätig verhalten kann.

Ich erinnere mich lebhaft an deine Reaktion auf ein Telegramm aus Übersee, das du erhieltest, als wir in Colombo lebten. Eine mit dir befreundete Frau telegrafierte, sie liege im Sterben. Du sandtest ihr dann ein Telegramm mit den lieben Worten ›ICH DENKE AN DICH‹.

Wenn du einem Menschen ernsthaft helfen willst, mußt du während seines Lebens handeln. Feierliche Begräbnisse durchzuführen und Denkmäler zu errichten sind sinnlose Gesten der Zuneigung. Es ist einfach heuchlerisch, einen Gegner während dessen Leben verächtlich abzutun, und dann, wenn der arme Kerl tot ist, ihm Tribut zu zollen.

Warum weinen wir so herzzerreißend, wenn einer unserer besten Freunde stirbt?

Wenn ein geliebter Mensch stirbt, ist es normal, wenn die Verwandten und Freunde in ihrer tiefen Trauer weinen. Weinst du dann aus Besorgnis um den toten Menschen? Weinst du nicht, weil du dir plötzlich deines eigenen persönlichen Verlustes bewußt bist? Der Tote hat dich für immer verlassen, und du stehst einer schrecklichen Einsamkeit gegenüber, einer wehen Leere, die nie mehr gefüllt werden kann. Und du weinst, weil es dich etwas erleichtert. Doch kein Weinen und Beten kann den Toten wiederbeleben.

Ich glaube, es ist die absolute Endgültigkeit des Todes, die ihn zu einem so schrecklichen Erlebnis macht.

Wenn der Tod an deine Tür klopft, kannst du ihm nicht sagen

»Herr Tod, bitte warten Sie noch eine Woche, bis ich meine Arbeit beendet habe.« Wenn der Tod kommt, mußt du alles einfach stehenlassen und gehen. Du kannst nicht deine Möbel mitnehmen. Wenn der Tod kommt, verlierst du all deinen Besitz. Du wirst von deiner Familie und von deinen Freunden für immer getrennt. Es wird das Ende all deiner Leistungen, deiner Ehrentitel, deiner Zu- und Abneigungen sein. Du gehst weg mit genauso leeren Händen wie damals, als du geboren wurdest.

Du hast eben gesagt, wenn man sterbe, sei man gezwungen, alles aufzugeben und wegzugehen. Darf ich dir eine naheliegende Frage stellen? Wohin gehen die Toten?

Schau, was bist du eigentlich? Du hast einen Namen und ein Bankkonto, was dir das Gefühl gibt, ein Individuum zu sein. Aber existierst du überhaupt als eigenständiger, einzelner Mensch? Bist du mehr als eine Ansammlung von Gedanken, Gefühlen, Wesenszüge, Vorlieben, Abneigungen, Sorgen, Ängste, Ambitionen, Wünsche, Glaubenslehren und Ideen? Diese Kombination von Eigenschaften bist du. Nur diese Eigenschaften bist du. Entfernte man diese Eigenschaften eine nach der anderen, was bliebe dann noch übrig? Nichts bleibt übrig. Deshalb gibt es so etwas wie »du selbst« und »ich selbst« nicht. Bist du dir darüber klar, daß keiner deiner Wesenszüge fest oder beständig ist? Alle Elemente dieser Gesamtheit, jeder Gedanke und jedes Gefühl, ist der Veränderung unterworfen. Vielleicht denkst du gerne, irgendwo in deinem Innern liege versteckt eine unveränderliche Substanz, Seele genannt. Aber du wirst feststellen, daß die »Seele« oder das »Atman« nur eine Idee ist, nur eine Ausgeburt des Geistes, die aus dessen Begehren nach Beständigkeit und Sicherheit entstanden ist, und wie alle Ideen ist auch diese Idee veränderlich. Wenn du auf diese Weise siehst, daß es in dir nichts Beständiges gibt, und daß die Welt innen und außen immer in Bewegung ist, dann bist du in der Lage, diese Frage der Reinkarnation zu untersuchen. Alles in deinem Bewußtsein, auch dein Körper, ändert sich ständig, denn der Gedankenprozeß besteht aus einer Kette sich im Fluß befindender Gedanken. Und ist dein

Körper überhaupt anders als dein Geist? Gedanken sterben und werden wiedergeboren. Auch mit dem Körper ist es so, daß er dauernd stirbt und wiedergeboren wird. Ist es dir klar, daß nichts beständig ist? Und wenn nun nichts Beständigkeit hat, dann kann auch nichts reinkarnieren. Verstehst du die Frage? Die Reinkarnation ist nur möglich, wenn es ein beständiges, unveränderliches Wesen gibt, das allein imstande wäre, von einem Leben zu einem anderen Leben zu wandern wie ein Passagier, der von einem Bahnhof zu einem anderen Bahnhof reist. Wenn es aber keinen Passagier gibt, wenn es ein solches Wesen nicht gibt, dann gibt es bestimmt auch nichts, das wiedergeboren werden kann. Die Reinkarnation ist bloß eine Theorie, die durch den Wunsch des Menschen nach Kontinuität zustande gekommen ist.

Mir sind deine Schriften über das außerordentlich wichtige Thema des Todes ziemlich vertraut. Du hast behauptet, der psychologische Tod solle dem körperlichen Tod vorangehen.

Das stimmt. Kann das »Du« sterben, bevor du stirbst?

Bevor der körperliche Tod eintrifft, hoffe ich, all meinen Zu- und Abneigungen, meinen Sorgen, Ängsten und so weiter abzusterben. Wie schön es wäre, ich könnte meiner ganzen Vergangenheit absterben!

Wenn du einmal deiner ganzen Vergangenheit abgestorben bist, wirst du einen neuen Anfang entdecken.

Ist das alles?

Wenn der Geist von seiner Vergangenheit geläutert worden ist, wenn er zeitlos ist, dann stößt man auf etwas Unzerstörbares.

Bist du bereit, deinen Körper abzuwerfen?

Wenn die Zeit kommt aus dem Leben zu scheiden, werde ich ins Haus des Todes gehen, und ich werde dabei lächeln.

Was ist geistige Gesundheit?

Gestern besuchte ich jemanden, der in einer psychiatrischen Klinik behandelt wird. Es war äußerst bedrückend, dort so viele irre Männer und Frauen zu sehen. Hast du je versucht, dem Insassen einer psychiatrischen Klinik zu helfen?

Einmal ging ich in eine psychiatrische Klinik, um einen mir zufällig bekannten Patienten zu besuchen. Da wurde ich mir bewußt, daß sich die »Geisteskranken« in der Irrenanstalt nicht wirklich von den »Gesunden« außerhalb unterschieden!

Ich habe es sagen hören, es bestehe eine dünne Grenze zwischen den Geisteskranken und den Gesunden.

Darauf will ich nicht hinaus. Vielleicht gibt es eine solche Grenze überhaupt nicht. Sind die sogenannten Gesunden geistig klarer als die sogenannten Geisteskranken? In psychiatrischen Kliniken triffst du Männer an, die ernsthaft glauben, sie seien Könige oder Diktatoren, und Frauen, die glauben, sie seien Königinnen und Prinzessinnen. Ein Mensch wird als geisteskrank angesehen, wenn er an Dinge glaubt, die keinen Zusammenhang mit der Wirklichkeit haben. Ist es deshalb nicht auch reiner Irrsinn, an die Existenz abstruser Götter zu glauben – erfundene Götter mit vielen Händen und Köpfen?

Indische Philosophen waren der Ansicht, die Verwechslung eines Stricks mit einer Schlange sei ein Beispiel verzerrter Wahrnehmung.

Unsere Wahrnehmung ist zur Zeit mit einem Schleier von inneren Bildern verdeckt. Wir haben Bilder von den Leuten, denen wir begegnen. Eltern haben Bilder von ihren Kindern und Kinder haben Bilder von ihren Eltern. Viele Leute an meinen Vorträgen haben ein bestimmtes Bild von mir. Es ist bedauerlich, daß ich den Ruf eines spirituellen Lehrers habe. Deshalb lesen sie mehr in meine Worte hinein, als ich es beabsichtigt habe. Also mißverstehen sie die einfachen, offensichtlichen Wahrheiten, über die ich spreche. Ihr Bild von mir hindert sie am richtigen Verständnis meiner Vorträge. Ein gesunder Geist hat keine inneren Bilder.

Ist die Speicherung von Bildern im Gedächtnis Zeichen von Geisteskrankheit?

Natürlich.

Gibt es nicht verschiedene Ausmaße des geistigen Krankseins?

Es besteht kein qualitativer Unterschied zwischen einem Geist mit wenigen inneren Bildern und einem mit vielen. Hast du nicht bemerkt, wie sogar ein einziges Vorurteil den Geist verzerrt? Die Vorstellung, daß Menschen einer bestimmten Rasse oder Religion minderwertig und bösartig sind, erzeugt Haßgefühle ihnen gegenüber. Haß führt schließlich zu Intoleranz, Terrorismus und Krieg. Die Bilder, die wir von anderen haben, entsprechen vielleicht nicht der Wahrheit. Diese Bilder sind etwas ganz anderes als die Wirklichkeit. Wir aber hängen an unseren Bildern, und das ist eine unserer Schwierigkeiten.

Glaubst du, daß die Psychoanalyse bei gewissen geistigen Störungen hilft?

Haben sich die Psychoanalytiker selbst von ihren inneren Bildern befreit? Und wenn sie das nicht getan haben, zwängen sie dann nicht ihre eigene Sorte Bilder ihren armen Patienten auf? Es mag ja sein, daß es Psychoanalytikern gelingt, Patienten zu disziplinierten und gehorsamen Mitgliedern der Gesellschaft zu machen. Doch die Psychoanalytiker sollten die Basis der Gesellschaft überhaupt in Frage stellen. Wozu eigentlich die Patienten dazu bringen, sich nach den Regeln der Gesellschaft zu richten, um sie zu ehrbaren Bürgern zu machen? Die Gesellschaft ist durch und durch verdorben. Gründet diese nicht auf Wettbewerbsdenken, Ehrgeiz und Selbstsucht? Und wer ist der »Analytiker«, der die Analyse macht? Ist der »Analytiker« und das von ihm Analysierte überhaupt voneinander verschieden? Der »Analytiker« ist das Ergebnis seiner geistigen Verwirrung. Alles was der »Analytiker« tut, muß deshalb zu weiterer Verwirrung führen. Wie ich oft gesagt habe, ist die Analyse eine Paralyse. Warum hängst du von jemandem ab, um dein Inneres zu untersuchen? Mußt du nicht eher dir selbst ein Licht sein? Ein Mensch, der dauernd seinen Geist erforscht, der die Bewegungen des letzteren stets scharf beobachtet und der selbständig ist, lasse die Finger von Psychoanalytikern.

Ich muß dir eine Geschichte erzählen. Der Insasse einer psychiatrischen Klinik brachte für sein Leben gerne Stunden mit dem Versuch zu, in seiner Tasse Kaffee Forellen zu fischen. Er gebrauchte eine Zigarette als Angelhaken. Belustigt fragte ein

Psychoanalytiker den Patienten: »Mein Herr, haben Sie heute viele Fische gefangen?«
Der Patient erwiderte: »Bist du verrückt? Siehst du denn nicht, daß das nur eine Tasse Kaffee ist?«

Energie zur Selbstprüfung

Ich habe einen Kollegen mit einem sexuellen Problem beraten. Er möchte, daß ich sein Problem mit dir bespreche.
Warum hat er dich heute nicht begleitet?
Es widerstrebt ihm, sich mit dir zu treffen, da er fühlt, er wäre nervös in deiner Gesellschaft.
Ich werde ihn doch nicht beißen! Sag ihm, er sei hier willkommen. Was beschäftigt ihn?
Er versucht seine Homosexualität zu überwinden.
Schau, das Wort »Homosexualität« ist ziemlich abschätzig. Kannst du diesen Ausdruck nicht vermeiden?
Aber es ist ein neutraler, wissenschaftlicher Ausdruck.
Das mag ja sein, aber heute mißbilligen viele Leute die Homosexualität. Gerade die Tatsache, daß er bereits Homosexualität überwinden will, zeigt, daß er bereits Vorurteile dagegen hat. Ich sage nicht, Homosexualität sei ratsam oder unratsam. Wenn du ein Problem verstehen willst, darfst du es nicht im geringsten verurteilen. Wenn du dem Problem feindselig gegenüber eingestellt bist, dann ist dein Problemansatz ohne Neuheit. Verurteilende Haltungen hindern uns, das Problem auf eine neue Art und Weise zu betrachten. Du mußt dem Problem, genau wie es ist, gegenüberstehen, ohne es irgendwie verändern zu wollen. Worte haben verschiedene Assoziationen. Worte beschwören die Vergangenheit herauf; Worte sind die Vergangenheit. Ist es nun möglich, das Problem anders zu betrachten, nicht durch den Schleier der Worte?
Wenn ich das Wort »Homosexualität« nicht gebrauchen darf, wie dann sollte ich davon sprechen?
Mußt du es überhaupt benennen?
Soll ich es X nennen?

Bist du dir bewußt, daß die Lösung eines Problems im Problem selbst liegt? Worte werden dich vom Problem ablenken.

Krishnaji, könntest du bitte Richtlinien darüber festlegen, wie man einem verzweifelten Menschen helfen kann?

Es tut mir leid, es gibt dazu keine Methode. Die Kunst richtig zu sehen, löst alle Probleme. Nicht daß du zuerst siehst und dann handelst, denn das Sehen selbst ist das Handeln.

Ich habe ihm vorgeschlagen, er sollte an das Problem ohne jegliche Verurteilung oder Rechtfertigung dessen herangehen.

Als erstes muß er den Geist von allem Sündenbewußtsein befreien. Er kann unmöglich dem Problem ehrlich gegenüberstehen, so lange Angst und Schuldgefühle seinen Geist quälen. Wenn der Geist frei von solchen Belastungen ist, dann hat er bereits die nötige Intelligenz.

Dieser Mann ist ein Dichter und Romanschriftsteller. Er ist hoch intelligent und sensibel.

Der sexuelle Akt ist kurz. Er ist ein flüchtiges Erlebnis, doch warum denken die Leute so häufig daran? Die Sexualität ist weder rein noch unrein, doch das Denken hat sie über alle Verhältnisse aufgebauscht. Der Geist gibt der Sexualität so ungeheuer viel Wichtigkeit. Entweder genießt du es, an einen längst vergangenen sexuellen Akt nachzudenken, oder du hast Phantasievorstellungen von zukünftigen sexuellen Erlebnissen.

Der Geist ist der Übeltäter. Ein kluger Kopf hat gesagt, die Sexualität befinde sich nicht in den Geschlechtsorganen sondern im Geist. Die Besessenheit des Menschen von der Sexualität ist der Preis für seine hoch entwickelte Einbildungskraft.

Die Intellektuellen sind es, die sich wegen der Sexualität beunruhigen. Die liebevollen und gutherzigen Leute, deren Leben nicht vom Intellekt beherrscht wird, haben kaum je aus der Sexualität ein Problem gemacht.

Es gibt noch eine andere Kategorie von Menschen, die aus der Sexualität ein Problem gemacht haben. Ich denke an die puritanischen Männer und Frauen, die dazu erzogen worden sind, die Sexualität zu bekämpfen, als ob sie eine Art Ungeheuer wäre.

Ich kannte einen Sannyasin in Indien, der mit seinem Sexualtrieb rang. Je mehr er versuchte, diesen zu unterdrücken, desto unbezwinglicher wurde er. Er wußte nicht, daß die Unterdrückung seines Geschlechtstriebes der kürzeste Weg ist, ihn zu vergrößern. Anstatt diesen starken Trieb im Menschen durch seine sorgfältige Beobachtung zu verstehen, strengte er sich krampfhaft an, ihn zu ersticken, was ihm jedoch nicht gelang. Dann unterzog er sich törichterweise einer Operation, die darin bestand, seine Geschlechtsorgane chirurgisch zu entfernen. Er besuchte mich eines Tages und klagte unter Tränen, infolge der Operation entwickle sein Körper nun Brüste und andere weibliche Merkmale.

Die religiösen Überlieferungen Indiens betonen, wie wichtig es sei, seine Energien aufzusparen, und dies als unerläßliche Voraussetzung für die spirituelle Erleuchtung.

Eine übermäßige sexuelle Betätigung führt zur Verschwendung der Energie. Die Unterdrückung der Sexualität führt ebenfalls zur Verschwendung der Energie, weil sie einen geistigen Konflikt heraufbeschwört. Und der Kampf zwischen dem mächtigen Wunsch, dem Geschlechtsverkehr zu frönen und dem sich dessen widersetzenden Gedanken, der sagt »Du darfst dich nicht gehen lassen«, dieser Konflikt führt zu einem Energieverlust. Man braucht sehr viel Energie zur Selbsterforschung, aber diese Energie kann man nicht in sich ansammeln, indem man seine Sexualität unterdrückt. Energie hat man erst dann in großer Fülle, wenn im Geist kein Konflikt mehr herrscht. Wenn man versteht, daß das »Ich«, das sich bis jetzt so bemüht hat, die Regungen des Denkens zu beherrschen, selber das Ergebnis des Denkens ist, dann geht der Konflikt zwischen dem »Denker« und dem Gedachten unmittelbar zu Ende. Beobachte, wie illusorisch der »Beherrscher« des Denkens ist. Daraufhin wird jeder Konflikt aufhören, und eine neue Energie wird den Geist beleben.

In gewissen südindischen Tempeln wird der Linga, der Phallus, des Gottes Shiva angebetet. Was ist die esoterische Bedeutung, falls es eine gibt, der Lingaverehrung?

Der primitive Mensch verstand die Funktionsweise des Zeugungsinstinktes nicht. Diese war ihm ein völlig unbegreifliches Rätsel. Deshalb machte sie ihm Angst. Also begann er, sie anzubeten, genauso wie er die Elemente anbetete. Was der Geist nicht versteht, das fürchtet er. Was er fürchtet, unterdrückt er, oder betet es an. Alle Arten von Verehrung und Anbetung haben ihren Ursprung in der Angst.

Einmal hast du behauptet, das Verlangen nach sexueller Betätigung existiere deshalb, weil sie ein Mittel sei, sich selbst zu vergessen.

Unser Leben kreist um das Selbst. Fast alles, was wir tun, denken und fühlen, steht in engem oder losem Zusammenhang mit dem Selbst. Der Geschlechtsverkehr sorgt für eine sofortige Erlösung aus der elenden begrenzenden Welt des Selbst. Das ist der Grund, warum unsere Kultur die Sexualität so ungeheuerlich stark in den Vordergrund stellt.

Ich stelle mir vor, daß ein geistig befreiter Mensch im Denken, Sprechen und Handeln vollkommen frei von der Sexualität ist.

Einen solchen Menschen beunruhigt weder die Sexualität noch irgend ein anderes psychologisches Problem. Wenn das Ich von selbst aufhört zu existieren, dann herrscht Glückseligkeit.

Die Achtsamkeit ist ein Spiel

Ist es nach all den vielen Jahren der Selbstbeobachtung nicht beschämend, daß in meinem Geist der Formungsprozeß innerer Bilder immer noch weitergeht? Die Sturzflut der Gedanken hört nie auf zu strömen. Diese Niederlage nimmt mir den Mut.

Warum beurteilst du dich? Als Kind mußt du bestimmt Spiele gemacht haben. Die Achtsamkeit ist auch wie ein Spiel. Wenn du bloß zu deinem Vergnügen spielst, macht es dann etwas aus, ob du dabei gewinnst oder verlierst?

Ich stelle fest, daß die Achtsamkeit nicht ununterbrochen andauert. Es gibt helle Momente der Achtsamkeit. Diese Momente hören auf, und dann treten Augenblicke der Stumpfheit ein. Man ist plötzlich wieder achtsam. Dieses intermittierende Wesen der Achtsamkeit ist ein Problem.

Die Achtsamkeit muß nicht ununterbrochen andauern: selten dauert sie ununterbrochen an. Wenn du dich kritisierst, indem du sagst, die Achtsamkeit daure nicht ununterbrochen an, zeigt das, daß du dir eine Vorstellung der Achtsamkeit gemacht hast, ein Ideal, einen Maßstab. Deshalb versuchst du, dich nach diesem von dir gesetzten Maßstab zu richten. Schau, die Achtsamkeit ist nicht eine selbstauferlegte Übung. Du kannst nicht Achtsamkeit üben. Wenn du einen Einblick in die Arbeitsweise deines Geistes bekommen hast, dann giere nicht nach mehr Einblicken, indem du sagst »der Geist muß die ganze Zeit achtsam sein«.

Nach dem Versuch, von Minute zu Minute achtsam zu sein, fühle ich mich ermüdet.

Mach eine Pause, wenn du müde bist. Danach, wenn du dich ausgeruht hast, bist du wieder bereit zu arbeiten. Selbstbeobachtung bedeutet sehr harte Arbeit. Ohne Energie kannst du nicht arbeiten, und wenn die Arbeit deine Energie erschöpft hat, dann mußt du dich wieder ausruhen.

Es scheint mir, als verbrauche ich mehr Energie, wenn sich der Geist sehr anstrengt, aufmerksam zu sein.

Dich abzumühen aufmerksam zu sein, verschwendet deine Energie, wohingegen aufmerksam zu *sein*, Energie erzeugt. Hast du schon bemerkt, daß die Energie tatsächlich zunimmt, wenn du dich mit dir selbst abfindest? Nehmen wir die Angst. Der Geist entflieht der Angst gern, indem er ihr Dasein entweder rechtfertigt oder sie einfach zur Seite schiebt. Du eliminierst die Angst nicht, indem du ihr entfliehst. Doch sobald du die Angst als Tatsache anerkennst und ihr voll gegenübertrittst, ohne von ihr wegzulaufen, löst sich die Angst in Nichts auf, und eine neue Energie entsteht.

Die Erinnerung gewisser angenehmer und unangenehmer Erfahrungen werden oft wieder wach. Gewisse Gedanken haben sich so tief im Bewußtsein verfangen, daß sie da festzusitzen scheinen.

Immer wenn ein Gedanke wiederkehrt, mußt du ihn aufs neue betrachten. Ein ärgerlicher Gedanke oder ein angenehmer Gedanke, der immer wieder auftaucht, hat eine Geschichte zu enthüllen. Kannst du nicht bei jedem Mal, wenn der Kerl auftaucht, immer etwas mehr über ihn herausfinden?

Eine andere Schwierigkeit, die ich habe, besteht in der Schnelligkeit des Gedankenprozesses. Er läuft so rasch, daß ich mit ihm nicht Schritt halten kann.

Er wird sich beruhigen, während du die Schichten des Unbewußten aufdeckst. Du mußt das Unbewußte bloßlegen, so daß es in seinem Innern keine dunklen Winkel gibt.

Ich erlebe Perioden der inneren Ruhe, wenn das Denken vorübergehend stillsteht. Es ist schade, daß diese Perioden nicht länger dauern.

Warum willst du mehr? Es ist bestimmt das Denken, welches Ruhe will. Es wird bestimmt keine Ruhe geben, solange das Denken tätig ist. Einmal bemerkte ein sehr gelehrter Freund, er habe ziemlich viel gelesen, so daß in seinem Geist kein Platz mehr sei. Hat ein Geist, der sehr rege und voll von seinem eigenen Lärm ist, je die Stille, um etwas zu empfangen, das vom Denken noch unangetastet ist? Schau, wenn ich dir den Vorschlag machen darf, versuche jeden Tag mindestens eine Stunde lang allein zu sein. In dieser Zeit solltest du weder lesen, arbeiten, noch mit deinen Freunden zusammensein. Du kannst diese Zeit einem Spaziergang allein oder dem Beobachten der Natur widmen. Es ist reine Freude, den Vögeln im Flug zuzusehen, den herrlich grünen Bäumen und dem weiten, unermeßlichen Himmel. Der Geist verliert seine Sensibilität immer dann, wenn er nicht mit der Natur verbunden ist. Lebe in engem Kontakt mit der Natur.

Muß man jeden Gedanken kennen?

Du kannst unmöglich jeden Gedanken kennen. Es gibt ihrer allzu viele. Der Strom des Bewußtseins ist groß und mächtig. Nur wenn du die Grenzen des Denkens verstehst, kannst du ihn transzendieren. Genau dann, wenn du sie verstehst, überquerst du auch diesen Strom.

Du mußt aus ihm herauskommen. Hör, komm aus ihm heraus, und gleich jetzt!

Glossar

Arhat: Buddhistischer Heiliger. Ein erleuchteter Mönch, der noch vor dem Nirvana steht.

Asana: Körperstellung im Hatha Yoga, die mit Leichtigkeit und ohne Forcierung eingenommen wird. Man verweilt in ihr solange, wie sie bequem ist.

Ashram: Ort der Zuflucht. Kloster oder Einsiedelei zur religiösen Belehrung und spirituellen Übung.

Atman: Das Selbst, das im Kreislauf der Geburten unsterblich von einem Körper zum andern wandert. Das göttliche Prinzip im Menschen.

Avatara: Das Hinunterkommen. Die Inkarnation Gottes.

Bhagavad Gita: Gesang des Erhabenen. Religiös-philosophischer Teil des Mahabharata. Der Gott Krishna lehrt dem Prinzen Arjuna den Weg zur Erlösung.

Bhakta: Ein Anhänger des Bhakti Yoga, dem religiösen Weg der Verehrung von und Hingabe an Gott.

Bhikku: Buddhistischer Bettelmönch. Er hat sich von allen sozialen Bindungen gelöst, um sein Leben dem Studium und der Verbreitung der Lehre des Buddha zu widmen.

Dhoti: Langes Tuch, das als eine Art Hose um die Beine gewickelt wird.

Guru: Religiöser Lehrer im Hinduismus.

Karma: Das metaphysische Gesetz von Ursache und Wirkung. Gesetz der ethischen Kausalität. Im Hinduismus kann eine Seele erst dann Erlösung erlangen, wenn keine neue Handlung mehr begangen wird, die dem karmischen Gesetz unterworfen ist, und wenn die Wirkungen all ihrer vergangenen Handlungen, auch von früheren Geburten, bereits eingetreten sind.

Kundalini: Lebensenergie. Eine Naturkraft, die sich im untersten Teil der Wirbelsäule befindet, und deren Erwachen zum Gewinn von übernatürlichen Kräften führen kann.

Kurta: Teil der Herrenbekleidung in Indien. Ein bis zu den Knien reichendes langärmliges Hemd.

Nirvana: Das Auslöschen des Ich. In der indischen Philosophie, besonders im Buddhismus, das höchste Ziel des Menschen; die ewige Befreiung vom Leiden, vom Kreislauf von Geburt und Tod.

Pyjama: Lange, zum Kurta getragene Hosen.

Rishi: Seher. Inspirierter Dichter oder Sänger. Zur Zeit der Veden diejenigen Meister, denen die Beschwörungsformeln (Mantram) offenbart wurden.

Sadhana: Das, was direkt zum Ziel führt. Im Hinduismus religiöse Schulung oder Disziplin, durch welche das Samadhi, der Zustand vollständiger ekstatischer Trance, die höchste Stufe des Yoga, erreicht werden kann.

Samsara: In der indischen Weisheitslehre Kreislauf von Leben, Tod und Wiedergeburt.

Sannyasi: Derjenige, welcher der Welt entsagt hat. Asket, der sich der Meditation und dem Studium der heiligen Schriften widmet.

Shiva: Einer der Hauptgötter des Hinduismus. Der Gott, welcher den Kosmos durch seinen Tanz erzeugt und zerstört. Als Schöpfer wird er durch den Linga, den Phallus, symbolisiert.

Shloka: Strophe in den Sanskritepen Indiens. Es steht in einem besonderen Versmaß.

Swami: Spiritueller Lehrer im Hinduismus.

Upanishad: Esoterische Doktrin oder Interpretation der Veden.

Veden: Wissen. Name der ältesten indischen Sprachdenkmäler (um 2500-500 v.Chr. entstanden).

Vishnu: Einer der Hauptgötter des Hinduismus, der Erhalter und Beschützer des Kosmos. Er nimmt als Avatar am Geschehen der Welt teil.